企業倫理・コンプライアンス

CSRに基づく組織づくりの考え方と手法

(学)産業能率大学総合研究所
企業倫理研究プロジェクト 編著

はじめに

　本書は、「企業倫理・コンプライアンス」を実践するにあたっての基本的な考え方と手法を提示している。読者である皆さんが、倫理的な組織づくりとCSRの実現に向けて、さらに一歩踏み出す後押しをしていきたいと考えている。

　本書は基本的には、企業倫理・コンプライアンスの推進を担う責任者や担当者の方々に向けて書かれたものである。さらに、組織の進むべき方向やあるべき姿を考える経営者の方々、現場でマネジメントを実践するマネジャーやリーダーの方々にも役立ててもらえる展開となっている。

　企業倫理・コンプライアンスは、あらゆる組織の経営課題の中でもっとも高い優先度をもって扱われるべきテーマである。むしろそれは、経営課題の1つというよりは、組織経営の前提条件と言うべきかもしれない。

　言い換えれば、企業倫理・コンプライアンスへの取り組みは、不祥事対策やリスク管理の次元で行われるものではなく、事業活動の基盤づくりの次元で行われるべきものである。より具体的には、事業活動の基盤となる「人」や「組織」や「マネジメント」に焦点を合わせて実践していくことが求められる。組織経営の前提条件、事業活動の基盤づくりという観点から、このテーマについて語られるべきだというのが本書執筆にあたっての問題意識である。

　しかし、現実に目を向ければ、厳しい経営環境の中で競争に勝つことや効率を高めることが優先され、組織の利益のためには倫理的

な行動など二の次とされかねない実情もある。こうした状況の中では、企業倫理・コンプライアンスの実践など、「所詮、きれいごとにすぎないのでは…」という自嘲やあきらめがつきまとうのを感じることもあるだろう。

　しかし、今日の組織に求められていることは、有益な製品・サービスを提供したり、富を分配したり、雇用を創出したりすることだけではない。社会や顧客の信頼にかなった行動や他者に配慮した活動を行うこと、そして、自ら倫理的な判断と行動をとることが期待されている。さらに、継続的にそうした活動を行う責任が組織にはある。

　倫理的な組織を実現するためには、まず組織に漂う「きれいごと感」を払拭する相応の覚悟が必要になる。そうした覚悟で取り組んでいくと、組織の中で生じている問題事象や不正行為から目を背けることはできなくなる。そして活動の展開にあたっては、中途半端な活動ではなく、本気で取り組むという経営層の了解を取り付けることが必要になる。

　企業倫理・コンプライアンスを推進する担当者の多くは、「組織をよりよくしていきたい」という熱い思いをもっている。「この活動に踏み込んでいくとパンドラの箱を開けることになるかもしれないが、それでもやり続ける」という決意を聞くことがある。こうした方々とともに仕事をする機会に恵まれたことが、本書刊行のきっかけとなり、われわれの活動のエネルギーとなっている。企業倫理・コンプライアンスの推進に取り組む数多くのクライアントの皆様に心から感謝申し上げる。

　このテーマに取り組む担当者の方々とは、結果として長い付き合いになることが多い。担当者の方々の覚悟とともに、われわれの覚悟も相当に必要になる。人と組織の変化と成長を見守りながら、

ずっと併走する覚悟で取り組むのが、本学の基本的な姿勢である。本書をきっかけにして新たな出会いが生まれることを願っている。

　本書でまとめた考え方と手法は、本学内で企業倫理・コンプライアンスに関する研究開発をともに行い、クライアントの課題解決に臨んできた数多くのメンバーの意見やアイデアに基づいて培われたものである。こうしたメンバーとの協働なしには、本書は誕生しなかっただろう。

　企業倫理・コンプライアンスというテーマに踏み込んでいく最初のきっかけを与えていただいたのは、慶應義塾大学の梅津光弘氏である。ビジネスエシックスに関する考え方についてご指導を賜った梅津氏に深く御礼申し上げる。

　最後に、本書の刊行にあたり何かとご尽力いただいた学内外のすべての方々に、あらためて厚く御礼申し上げる。

2008年9月

　　　執筆者を代表して　（学）産業能率大学総合研究所　経営管理研究所
　　　　　　　　　　　　　　　　　　　　　　　　　　　杉浦　斉

も　く　じ

はじめに

第1章　なぜ、企業倫理に取り組むのか ───── 1

第1節　倫理的な事業活動とは……………………………… 2
　　1．「広い意味でのコンプライアンス」が意味するもの…… 2
　　2．何が問題なのか…… 7

第2節　不正がなくなればそれでいいか ………………… 11
　　1．企業倫理は不祥事対策か…… 11
　　2．組織の不正と個人の不正…… 13
　　3．「人」を理解する…… 18

第3節　「倫理的である」ことをどう考えるか ………… 21
　　1．規則と倫理…… 21
　　2．「倫理」を巡るいくつかの考察と原則…… 24
　　3．答えよりも問い、そして理由づけること…… 27

第4節　企業における倫理の意義……………………… 28
　　1．「なぜ」「何のために」推進するのか…… 28
　　2．社会の一員としての思い…… 29
　　3．人と組織の資質を高める…… 30

第2章　倫理的な組織づくりに向けて ———— 33

第1節　企業倫理に関する概念と推進手法 …………………… 34
　　1．企業倫理に関する概念…… 34
　　2．企業倫理を推進するための手法…… 38

第2節　組織における担当部門の役割 …………………… 45
　　1．経営層への働きかけ…… 45
　　2．現場への働きかけ…… 47
　　3．他部門との連携をとる…… 49

第3章　企業倫理推進のための施策 ———— 55

第1節　推進施策の全体像 ……………………… 56
　　1．組織体制の構築—推進活動を機能させる…… 56
　　2．倫理綱領の策定—組織の価値観に基づいた原則をつくる…… 60
　　3．学習機会の創出—人と組織に変化を引き起こす…… 63
　　4．チェック機能の確立—問題を発見し、解決につなげる…… 64

第2節　倫理綱領を策定し、周知する ……………………… 71
　　1．倫理綱領の策定…… 71
　　2．効果的な周知のために…… 77

第3節　教育・研修施策を設計し、実施する ……………………… 81
　　1．教育・研修施策の設計…… 81
　　2．対象者別の教育・研修のポイント…… 82

第4章　倫理的な判断を実践するために ─── 89

第1節　倫理的な判断の獲得プロセスを探る ……………90
1. 成人への成長過程の中で……90
2. 成人としての社会的活動の中で……95
3. 倫理的な判断・行動に影響を与える要因……99

第2節　倫理的な判断を実践するポイント ……………103
1. 私たちに必要な力……103
2. 判断に向かうときの姿勢……106
3. 倫理的な判断を行うときに求められる「振り返り」……109
4. 倫理的な判断にあたっての検討項目……114

第5章　組織に変化を引き起こす学習と職場勉強会の展開 ─ 119

第1節　組織の中で学習を引き起こすために ……………120
1. 教育の実施だけでなく学習の支援へ……120
2. マインドの醸成に不可欠な学習……124

第2節　職場勉強会の展開 ……………129
1. 「人」と「職場」と「情報のやりとり」に着目する……129
2. 職場勉強会の目的と効用……130
3. 話し合いの素材や題材には何があるか……132
4. 職場勉強会を効果的に運営するために……138

第3節　推進リーダーを核とした問題状況の把握とケース作成 … 146

　　1．推進リーダーに求められる役割…… 146
　　2．ケース化に向けて問題事象をとらえる着眼点…… 148

第6章　ケースによる学習 ─── 155

第1節　ケースによる学習とは ……………………………… 156

　　1．実例の活用とケース学習…… 156
　　2．ケーススタディとケースメソッド…… 157
　　3．企業倫理の推進とケース学習…… 161

第2節　効果的な討議のために ……………………………… 165

　　1．討議を起こすケースの作成…… 165
　　2．討議を深めるディスカッションリード…… 171

第7章　倫理意識とマネジメント ─── 177

第1節　倫理意識の源泉 ……………………………………… 178

　　1．倫理意識とは…… 178
　　2．倫理意識の源泉を探る…… 181
　　3．倫理意識の発達過程…… 186
　　4．人間の本性に根差したマネジメントの必要性…… 189
　　5．実践的な倫理基準は試行錯誤を通じた「学習」から…… 190

第2節　多発する不祥事の背景にあるもの　……………………192

1．不祥事が絶えない現代社会…… 192
2．不祥事多発の背景にある現代社会の特徴…… 194
3．求められる公共的組織観…… 197
4．人間理解に役立つ科学と哲学…… 203

第8章　マネジメントを総合的に考える ―――― 207

第1節　そもそも「マネジメント」とは何か………………208

1．マネジメントを総合的に考える意義…… 208
2．マネジメントの総合的機能とコンプライアンス・マネジメント…… 209

第2節　現代の企業組織におけるマネジメント……………213

1．現代のマネジメント・システムについて考える…… 213
2．「目標による管理」の運用にかかわる諸問題と克服への道筋…… 214
3．人事考課をどのように考えるか…… 218

第3節　メンバーの心理的発達を促進するマネジメント…222

1．「道具的仕事観」から「目的的仕事観」へ…… 222
2．個人と組織の真の統合とは…… 223
3．「資源」について考える…… 224
4．現場のマネジメント…… 227

第9章　現場マネジャーのコンプライアンス・マネジメント──229

第1節　日常の倫理的意思決定と問題事象の発見…………230
  1．現場マネジャーの3つの役割…… 230
  2．倫理的意思決定…… 231
  3．問題事象の発見と除去…… 233

第2節　倫理的な職場風土づくり………………………………237
  1．倫理的な職場風土をつくるためのアプローチ…… 237
  2．仕組みづくりからのアプローチ…… 238
  3．マネジメント行動からのアプローチ…… 240
  4．仕組みづくりとマネジメント行動の兼ね合い…… 243
  5．教育面からのアプローチ…… 247

索　引……………………………………………………………251

第 1 章

なぜ、企業倫理に取り組むのか

第1節 倫理的な事業活動とは

1.「広い意味でのコンプライアンス」が意味するもの

「倫理的な事業活動を実現するには、だれに、どのような働きかけを、どのような考えに基づいて行っていけばよいのだろうか」——これが、本書全体を通じて考えていきたいテーマである。確かに、今の実務界では「企業の社会的貢献」や「誠実な組織づくり」など、倫理的な事業活動の推進が話題になっている。しかし、冷静に考えてみると、「事業活動に倫理は必要なのだろうか」「営利組織がなぜ社会貢献をしなければならないのか」といった疑問が生じるかもしれない。そこで本章では、企業倫理の実践的な手法の検討に入る前に「なぜ、企業に倫理が必要なのか」ということについて考えておきたい。

(1) Business Ethics と compliance

倫理的な事業活動について語るとき、「企業倫理」や「コンプライアンス」などの言葉がよく使われる。

アメリカでは 1980 年代ごろから、学問の世界においても実務界においても Business Ethics が論じられるようになった[1]。この訳語が「企業倫理」ということになるが、"Business" には、利益を目的とする「企業」「商業」の意味だけでなく、「事業」「職務」などの意味も含まれている。

こうしたことをふまえて本書では、基本的には、企業倫理という

言葉を営利企業だけではなく行政体や病院、学校などの公共事業を営む組織も意識しながら用いていく。ただし、事業活動における倫理を論じるときには、「利潤の追求によって存続し得る」という営利企業に固有の事情を考えなければならない場面も出てくる。そうしたときには、対象が絞られる場合もある。

一方、complianceを音訳したのが「コンプライアンス」である。complianceはcomply（従う）の名詞形であり、「従うこと」「応じること」といった意味をもつ。これがアメリカの実務界で「法令遵守」を表すようになり、日本ではさらに拡大解釈されて「倫理や社会規範に従うこと」の意味でも使われるようになった。これを「広い意味でのコンプライアンス」と言ったりもする。

今ではこうした解釈は比較的広まっており、各社の倫理綱領や行動規範にも、「当社では、法令だけでなく社会規範や倫理にも従って行動します」といったメッセージが多く見受けられる。これは、「法を守るのは最低限の行動、社会はそれ以上のものを期待している」とする考え方が、言葉の上ではある程度行き渡っていることを表している。

(2)「法令以上のもの」とは

確かに、コンプライアンスの意味を「法令の遵守」から「社会の規範に従う」と広げて解釈することには意義がある。しかし、次のような点には留意しておく必要がある。

①社会をどうとらえるか

「社会の規範」に従うには、まず、「社会」をとらえなければならない。企業組織にとっての社会とは何だろうか。これを考えるとき

に役立つのが、ステークホルダーという概念である。ステークホルダーは「利害関係者」と訳され、営利企業の場合は、株主、顧客、従業員、取引先（原材料の供給者や納入業者）、地域社会などが代表的である。

ステークホルダーについて考えることは、社会を具体的にとらえることに結び付く。しかし、新たな事柄も見えてくる。それは、ステークホルダー各々の要求は決して一律とは限らず、互いの主張が対立したり、利害が相反したりする場合が少なくないということである。

たとえば、顧客ニーズに応えるために、取引先に厳しい要求をしなければならない場合がある。経営を持続し株主の要求に応えるために、雇用（従業員）を犠牲にしなければならないこともあり得る。

ステークホルダーの主張は、それぞれ単独で見たときには、正当と言える場合が少なくない。しかし、それらが互いに対立し得る以上、企業には、「社会の規範に従う」前に、自ら主体的にステークホルダー相互の要求を調整することが求められる[2]。

②社会の規範は正しいか

ステークホルダーを持ち出さなくとも、社会には共通の規範、常識や不文律があるではないか、という考え方もあるかもしれない。しかし、いくつかの事例を考えただけでも、常識や不文律の頼りなさが見えてくる。

たとえば、食品に携わる企業が「安全」を確保するのは当然のことである。しかし、少しでも日付の新しいものを購入しようとする消費行動に対応し、賞味期限が迫った食品はまだ十分食べられるとしても廃棄しなければ「信頼」を保てないとしたら、そのような社会のあり方もまた問い直されるべきだろう。

さらに、企業が海外で事業展開する際には、「社会の常識に従う」ことの難しさがよりはっきりとわかる。たとえば、日本では学校に通うのが当然という年齢の児童が労働力となっている国がある。その子が働かなければ家族が食べていけないという現実に直面したとき、日本の常識はどのような力をもちうるだろうか。

　確かに、社会には規範や常識といったものが存在し、機能している。ただし、それに従うことと、それが正しい行動だということとは別である。

③要請に応えればよいのか

　また、広義のコンプライアンスの意味を「社会の規範に従う」ではなく「社会からの要請に応える、適応する」と理解する考え方もある。ただし、このとらえ方においては、社会の要請がなければ応えなくてもよいのだろうかという疑問が残る。

　たとえば、環境に配慮した事業活動をめざす理由が「社会からの要請に応えるため」だけであれば、もし環境問題への社会的関心が薄れたときには、エコ活動など後回しになる可能性がある。こうした対応は現実的かもしれないが、果たして倫理的と言えるだろうか。

(3)「従う」ということ

①従っていれば倫理的か

　こう考えてくると、社会の規範に従う、要請に応えることは、実は単に受動的な行為ではなく、その前に「主体的に」という一見相反するような姿勢が必要であることが見えてくる。

　「広い意味でのコンプライアンス」というときに、もしも「規則や常識に従ってさえいれば倫理的だ」という感覚があったとしたら、

それはいささか不正確だと言えるだろう。「倫理とは、自己犠牲の精神に基づいて利他的になることだ。だから"従う"という言葉が当てはまるのだ」という意識があったとしたら、それは誤解である。

「従う」「応える」「遵守する」という言葉には、いずれも「自らの行動を、他者との関係の中で決める」という意味が含まれている。これには、2つの姿勢がある。

1つは、表面的な行動のみ、相手や規則に合わせるという姿勢である。この場合、自らの判断や行動に責任をとらなくてもよい。

もう1つは、自らの意志で、それが自己にとっても他者にとっても最も善いと判断するからこそ、主体的に従うという姿勢である。この場合、「従わない」「応えない」「遵守しない」という選択肢も存在する。ただし、その選択肢を選ぶのは、結果と責任をすべて引き受けるという厳しい覚悟をもった上でである。

②主体的に考え、判断する

明文化された法や規則が要求しているのは、それが適用される状況において、その制約に従うという行為までである。本心や良心といった自らの心による深い同意は必ずしも必要としない[3]。

しかし、社会の規範や倫理はそうはいかない。何が善いことなのか、どうすべきなのか、そもそも従うべきなのかについて、自ら問い、考え、自らの意志で決めることを求めている。社会の規範とは何か。その要請に応えるべきか。社会の規範や倫理をよりどころとする「広い意味でのコンプライアンス」や企業倫理を実践するには、主体的に考え、判断することが必要になる。

このように、法や規則の遵守における「従う」と、企業倫理における「従う」とでは、その意味が異なっている。もちろん、企業倫理においても「法や規則に従う」ことは必要であるが、より「主体

的に」従うことが要求される。

　本書では、法令の遵守や規則に従うことを「コンプライアンス」、主体性に基づく倫理的な事業活動を「企業倫理」と呼ぶことにする。ただし、両者は対立しているのではなく、コンプライアンスは企業倫理の一部として、それに含まれている。その構造を図解すると、図表1-1のようになる。

　なお、企業倫理とコンプライアンスの概念については、第2章であらためて深く掘り下げ、考えていく。

■ 図表1-1　企業倫理とコンプライアンス

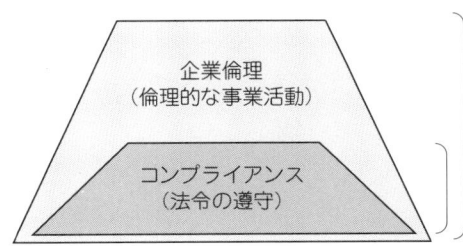

2．何が問題なのか

(1)「利益の最大化」という価値

　企業という組織は、利潤という成果が得られなければ存続していくことができない社会構造の下にある。

　これまで、企業や経営の目的は、自社の利益を追求することとされてきた。競争と効率が強調され[4]、自社の優位性の確保と発展こそが疑いようのない目的として位置づけられてきた。経営や人の管

理に関するさまざまな理論や手法がこの目的のために議論され、進歩を遂げてきた一面をもつことは、おそらく否定できないだろう。

そこで尊重される価値は、組織の利益を最大化することである。行為の正しさはその結果で計られ、理想や動機は、成果につながらない限り意味をもたない。

こうした考えの下では、「社会全体にとってどうか」といったことは考える必要がない。「公正な振る舞いか」「公平で平等か」ということの優先順位は低く、あえて言えば「見返りがあるなら考える」ということにならざるを得ないだろう。

(2) 企業の影響力と自己制御

一方、現代の企業は、社会に対してあまりにも大きな影響力をもつに至った。技術は高度化、複雑化し、製品もサービスも一般人ではとても手に負えない専門的な知識の組み合わせで成り立っている。さらに、自然環境への影響の大きさについては、一刻の猶予も許されない状況にあることは言うまでもない。

1つの新しい技術が生み出されるということは、1つの負の側面が現れる可能性もあるということである。その影響を知り、自らを制御できるのは企業自身にほかならない。大きな力をもつ者は、その力を適正に使っていく責任がある。

日本固有の状況に目を向ければ、グローバリズムの進展に伴う規制緩和という環境変化がある。許認可要件の見直しや法改正などの政策は、企業の自己制御が前提である。しかし、現実はどうだろう。たとえば、労働者派遣法の改正をきっかけに、いわゆる非正規雇用の問題が生じている。自由を得ることは、自己を律する責任を負うことでもあったはずである。

(3) 社会の一員としての企業

　企業は、自分一人だけで存在しているのではない。先にステークホルダーについて触れたが、企業には顧客があり、原材料などの供給者があり、理解や協力をいただく地域社会がある。事業活動を展開するには従業員が、資金を確保するには株主が必要である。さらには行政、金融機関、そして自然環境まで、企業はさまざまな関係者に囲まれ、しかもどれ1つとして欠くことはできない。

　しかし、こうした関係者に対する企業行動を「自社の利益につながるかどうか」だけで決定することは、大きな間違いを生む源となる。ステークホルダーは、社会は、企業のためにあるのではない。企業は、社会の中で生かされているのである。このことを重視したとき、事業活動は自社の利益追求ということとは違った意味をもってくる。そして「社会の一員として、いかに行動するか」ということが、事業活動において重要な価値となる。

(4) 事業活動の価値を問い直す

　現代の企業は、「自己利益の最大化」に重きを置いて活動している。その一方で「社会の一員として行動する」ことをも求められている。果たして、自己利益の追求と自己制御とは両立できるのだろうか。

　私たち一人ひとりは、自分の損得や快不快によって行動しているように見えるが、実は見返りがあろうとなかろうと他者に配慮し、善いか悪いかによって行動しようとする面ももっている。ところが、このような倫理的側面も併せもつ個人が集まっているにもかかわらず、企業という組織になったとき、集団を支配する価値が「自己利

益の最大化」だけになってしまいやすいことが問題なのである。

　ここで、事業活動において、自らの行動を「自己の利益」という価値だけでなく、他者に配慮し倫理的な価値に基づいて律することができるかという、より根本的な主題が浮かび上がってくる。一言で言えば、「利益と倫理の両立」という主題である。

　企業倫理の推進によって取り組まなければならない問題の本質は、事業活動における価値や企業の活動目的そのものを問い直し、変えていくことにある。ただしこれは、企業の利潤追求を否定しているのではない。企業が存続し続けることもまた、社会への責任を果たすことである。

　必要なのはそれだけに偏らず、自己と他者との関係の中で、よりよいあり方とは何かを追求していくことだ。自己の利益を追求する側面を「利己性」、他者の利益に配慮する側面を「利他性」と呼ぶならば、この利己性と利他性とをいかに共存させていくかが、企業倫理の根底にある課題である。

第2節 不正がなくなればそれでいいか

1．企業倫理は不祥事対策か

　企業が社会の一員として自らを律するということは、組織として従業員の行動にいかにかかわるかということと密接な関係にある。ここでは、企業倫理の推進において、組織内個人の行動をどのような考え方で律していけばよいかを考えてみよう。

(1)「企業不祥事」の意味

　「個人の行動を律する」というとき、まず頭に浮かぶ目的は、企業不祥事を防止するということだろう。実際に、企業倫理を推進する目的を不祥事防止とすることは少なくない。
　企業不祥事という言葉には、「不正な行為が表沙汰になり、社会を騒がせて自社がダメージを被るような事件や事態」という意味合いが強く含まれている。逆に、違法行為や非倫理的な事実があっても、社会に知られなければ「不祥事」とはあまり言われない。たとえば、製品表示の偽装が長年にわたり行われていても、その情報が社内にとどまっている限り、「当社には不祥事が発生している」という言い方はしない。これが、何かのきっかけで明るみに出たときに、「不祥事が起きた」ということになる。

(2) 危機管理的な不祥事対策の限界

　不祥事を防止するための施策は、そもそもの問題に対してよりも、いかに問題を表ざたにしないか、穏便に事を鎮め、自社のダメージを最小限に食い止めるか、というリスクマネジメントや企業防衛の側面が強調されやすい。そのため、本来解決すべき問題よりも「結果としての不祥事」対策という、危機管理的な活動に力点が置かれやすくなる。

　危機管理的な考え方に基づいた不祥事対策では、社会が騒ぎそうな問題や訴訟になりそうなリスクには対処するが、そうしたリスクがなければ、たとえ非倫理的な問題があっても後回しとなる恐れがある[5]。場合によっては、不祥事防止に注力すればするほど、隠ぺい体質になるという皮肉な事態にもなりかねない。

　不祥事対策や危機管理の側面を強調した「コンプライアンス推進」には、組織の利益を失うかもしれないという危機感によって関係者を強く動機づける力がある。これは、企業の存続という点からは極めて現実的なものと言える。また、不祥事を未然に防ごうと努力すること自体は大切な活動である。

　ただし、「不祥事防止」と言うとき、その理由を、自社の危機管理のためだけとするか、社会の一員としての責任とするかで、施策の内容や取り組みの姿勢は違ってくるだろう。企業倫理推進のための施策は、「なぜ」「何のために」をどう考えるかによって、具体的な内容が異なってくることに注意しておきたい。

2．組織の不正と個人の不正

　企業不祥事が「社会に公になった事象」を指すとすれば、その背後にはそもそもの違法や非倫理的な行為である「不正」が存在する。
　「不正がないこと」は「倫理的であること」と同じ意味とは言えないが、倫理的な組織づくりにおいては重要な課題である。ここでは、組織の不正と個人の不正に分けながら、不正の種類について考えてみよう。

（1）組織の不正

①集団としての不正
　組織の不正は、正確には「組織集団としての不正」と言えるだろう。たとえ実行に及んだのが一人であっても、それが「組織のため」であったり、「上司や職場の圧力で」といった場合もこれにあたる。
　たとえば、問題のある製品を出荷・販売し続ける、表示を偽装する、公開すべき情報を隠す、環境に有害な活動をする、などの事例があげられる。そのほか、従業員をステークホルダーとした場合、職場におけるいじめ（ハラスメント）、過労、非正規雇用社員の問題なども含まれる。

②経営トップの不正
　組織の不正の一部には、「経営トップの不正」もある。総会屋など反社会的勢力への利益供与や、トップ自ら不正な会計処理を強く指示するなど、根本的には限られた経営者層の不正なのだが、その強い影響によって組織全体が不正行為に及ばざるを得なくなるため、結果として組織の不正に至ってしまうものである。

③仕組みの不備

　これは、絶対に事故を発生させてはならない事項にもかかわらず、人的なミスを防ぐための組織的な対策を怠るというものである。人的なミスによって発生した事故は不祥事にはなり得るが、ここでいう不正とは異なる。ミスをしてしまった個人の倫理的な問題だけに帰することもできない。

　もちろん、従業員が緊張感をもって業務にあたるのは前提である。しかし、それでもミスは起こり得るという前提に立ち、ミスが許されない業務には二重三重のチェックを組み込むなどの仕組みの整備を組織として行うべきである。これを怠っていることが、倫理的な問題としての「組織の不正」にあたる。

(2) 個人の不正

　一方で、従業員による「個人の不正」もある。これは、不利益を被る側が社会（ステークホルダー）なのか、企業組織そのものなのかによって、分けて考えたい。

①社会への不正

　これは、ステークホルダーが危害や不利益を被ることになる従業員個人の不正である。インサイダー取引、個人情報を持ち出して売る、取引先に私的な賄賂を要求するといった、組織の管理責任も問われるものと、痴漢行為や暴行など、極めて個人的な問題行動とがある。後者は、勤務先が行政体など公共性の高い組織であったり、大規模で社会的に有名な企業だったりすると、不祥事化する場合がある。

②組織への不正

　これは、企業組織が不利益を被ることになる、従業員の不正行為を指す。たとえば、事業所の備品を私的に用いる、就業時間中に社内で政治活動をする、自社の機密情報を持ち出して漏えいさせてしまったり競合他社に売り渡したりする、などというものである。機密情報の内容が重要なものであるなど、不利益が業績に著しく影響するようなものであれば、株主への被害も考えられる。

　しかし、これらの不正の多くは、企業組織にとっては問題かもしれないが、社会から見れば重要度はそれほど高くはない。なぜなら、これは組織内で発生し組織内で完結するものであり、社会やステークホルダーへの直接的な危害・影響はほとんどないか、遠回しなも

■ 図表1-2　組織の不正と個人の不正

■組織の不正：集団として、組織の利益のために不正行為に及ぶ		
（1）集団としての不正	組織集団として事業活動に関し不正な行為をする	問題ある製品の販売、偽装、情報隠蔽、環境破壊、過労死、偽装請負
（2）経営トップの不正	特に経営者層の不正に起因して組織が動かされる	反社会的勢力への利益供与、不適切な会計処理
（3）仕組みの不備	エラーによる事故を未然に防ぐ対策を怠る	情報（記憶媒体）の紛失、単純な製品事故

■個人の不正：組織内の個人が、私的な欲求のために不正行為に及ぶ		
（1）社会への不正：従業員個人の不正行為によって、社会やステークホルダーが被害を受ける		
a. 組織の管理責任にもかかわる不正	組織の一員の立場で、私益のため不正な行為をする	収賄、インサイダー取引、個人情報の持ち出し・売買
b. 一個人としての問題行動	プライベートな時間や状況での問題行動	痴漢行為、暴行
（2）組織への不正：従業員個人の不正行為によって、企業が被害を受ける		
a. 組織内個人としての不正	組織の利益に反する行為をする	備品の私的利用、勤務中の私的行為、情報の漏洩

のだからである。

　ただし、行政体などの公共的な組織の場合は事情が異なる。公共的な組織の多くは税金や公金で活動しているため、組織の損害そのものが社会の損害を意味する。その職員自身も「公僕」という、民間企業の社員とは異なる責務を負っているからである。

　ここまで述べてきたような組織の不正と個人の不正の分類を表にすると、図表1-2のようになる。

(3) だれに対する「不正の管理」か

　ここまでのような整理をしてみると、個人の不正と組織の不正とは、意味も影響も、おそらくは防止の施策も異なるということがわかる。また、個人の不正をなくしても、組織の不正は必ずしもなくならないということも見えてくるだろう。

①個人の不正を管理する施策

　危機管理のための不祥事対策という発想の下では、従業員は企業に被害を及ぼす可能性のあるリスク要因とみなされる。それは「社会への不正」によって結果的に企業が不利益を被るリスクと、「組織への不正」によって企業自身が被害を受けるリスクとを想定してのことである。そして、従業員個人は、企業組織のあり方そのものを変えようとするよりも、はるかに管理の仕組みを講じやすい。

　ここに「企業倫理つまりコンプライアンスとは（規則に）従うことだ」という狭い解釈が持ち出されると、規則を緻密にし、遵守と従順を要求し、監視と罰則で行動を変えることが施策の中心になってしまう。

　もちろん、組織集団を構成しているのは個人であり、個人の行動

をいかに律するかは、社会への危害を未然に防ぎ、倫理的な事業活動を実現するために不可欠な取り組みである。だれに対するにせよ、私的な不正行為を平気でするような個人の集合体が、倫理的な組織になり得るとも思えない。

個人の不正をいかに防ぐか、さらに、不正防止も含めて個人の倫理性をいかに高めるかは、企業倫理における重要な課題である。

②従業員をリスクとみなすだけでよいか

しかし、個人の不正だけに目を向け、リスクとして管理・統制することに主眼を置く活動は、ともすればそれで事足れりとして、本来的な課題を先送りにしてしまう恐れがある。社会が企業に求めている不正の防止とは、個人の不正よりはむしろ組織としての不正である。それにもかかわらず、組織の不正を防ぐ取り組みや、より根本的な課題である「利益と倫理の両立」ということが後回しにされかねない。

また、個人をリスク要因として管理しようとすることには、従業員を人として尊重するというよりも、手段とみなしかねない危険がある。そのため、「心をもち、考え、判断する主体」としての従業員の人間性を否定することにもなりかねない危険がある。

「組織の不正」をなくすためには、「個人の不正防止」に注力する前に（あるいはそれとともに）、組織全体の取り組みとして、自らの倫理への価値観を問い、風土を変えていくことが肝要である。

企業倫理の推進施策を設計し、展開する立場においては、このことに特に慎重になっておきたい。

3.「人」を理解する

(1) 人がもつ「内的な制御」

　組織として、そこに働く個人の行動を律していくためには、「人」について理解を深めておく必要がある。不正な行為を踏みとどまるのも、倫理的な行いをしようとするのも、自らの行動を最終的に決めるのは本人自身である。規則や体制は「外的な制御」として機能するが、それは本人自らの「内的な制御」に働きかけるものとも言える。

　人をどのようにとらえるか、つまり、どのような人間観をもつかということは、経営や現場マネジメントにおいても重要なテーマである。特に、「人は組織の中で、何に動かされ行動するのか」ということについては、学問においても研究と議論が重ねられ、その成果は経営や現場に反映されてきた。

(2) 今日の経営における人間観

　今日の経営においては、人は「外からの指示命令だけでなく、自ら立てた目標のためには進んで働こうとする」「給与や作業条件よりも、仕事の達成や承認、責任によって動機づけられる」存在と語られる。

　こうした人間観は、「目標による管理」や職務設計などの管理手法において、さらにはマネジメントの基礎的な心得として生かされている。

　また、「人」にかかわる手法として、エンパワーメントやコーチングといった考え方も大いに活用されている。エンパワーメントで

は権限委譲による自主管理、コーチングでは内発的動機づけによる自主学習が重視される。

両者に共通するのは、「人は本来、主体性や自律性をもっている。これを尊重し、判断や行動を本人に委ねることが、人を活かし能力を引き出すことにつながる」という人間観である。

ただし、処遇や作業条件などの要因や指示命令が、まったく必要なくなったということではない。私たちは自律的に行動したいと思いながらも、給与の多寡や賞罰によって行動を変え得る複雑な存在である。また、従業員の志向や能力も人によって異なる。組織活動として一定の方向性をもつために、規律や統率は今も必要な機能である。

(3)「自律」を引き出す施策のために

①企業倫理の推進に求められる人間観

今日の経営は、人をこのような複雑な存在としてとらえている。その経営の中で企業倫理を推進するにあたっては、次のような人間観をもつのが適切だろう。

> ・人は本来、倫理的な存在である。そうした自分に気づき、他者から信じられ委ねられたならば、主体的に自らを律する力をもっている。
> ・しかし同時に、不正や悪事の誘惑に負けやすい、弱い存在でもある。

エンパワーメントやコーチングが注目され、成果を生み出しているように、経営における人的施策の主流は、命令や賞罰による統率

から権限委譲による自律へと緩やかに変化している。

　言い換えれば、外的な制御だけではなく、本人の内的な制御をより重視し、生かす方向にあるということである。これは、従業員を主体性ある「人」として尊重し、「本来、力をもっている」と信じるからこそできることである。

　この潮流に企業倫理の推進も合わせていくならば、管理や罰則を強化して「違反しない行動」だけを要求し続けるよりも、適切な判断ができるように人と組織を変え、本人自らが考えて自己を律していけるよう、施策を緩やかに変えていくことが必要である。

②施策立案の基本姿勢

　人を複雑な存在としてとらえ、かつ主体性や自律性を引き出す推進施策を講じるためには、次のようなことを基本姿勢としたい。

> ・主体的に考えることを尊重し、倫理的な姿勢や判断を習慣化させる。
> ・自律性を引き出し、人や職場が自ら問題解決できるように支援する。
> ・弱さに負けさせないために、不正防止の仕組みを講じる。

　自律的に判断し行動していくためには、「自分で考える」ことが必要になる。一方、表面的な遵守行動だけを要求することは、むしろ、「自分で考える」習慣をなくしていくことにもなりかねない。

　自律的な行動をめざす推進施策のためには、不正を防止する施策においても、「自ら考え、納得した上で主体的に従う」という態度を求めることが大切になる。

● 第 1 章 ● なぜ、企業倫理に取り組むのか

 「倫理的である」ことをどう考えるか

　ここまで、「倫理的な事業活動」「倫理的な行動」といった言葉を、あまり深く意識することなく使ってきた。この節では、企業倫理の推進を具体的に検討していくにあたり、その目標でもあるこうした事業活動や行動とはどのようなものなのかを考えておこう。それは、「倫理的である」ことをどう考えるか、ということでもある。

1．規則と倫理

　本章の初めで私たちは、「企業倫理」と「コンプライアンス」という言葉について考えた。「コンプライアンス」の定義には狭義と広義とがあり、狭義は「法や規則の遵守」、広義は「企業倫理と同じ意味」で用いられていることも確認した。企業倫理の推進における「倫理的である」ことは、こうした文脈の中で用いられる。そこでまず、「法や規則」と「倫理」を比較しながら特徴をとらえ、互いの関係を考えてみよう。

(1) 規範とは

　「法や規則」と「倫理」は、いずれも「どうすべきか」という行為の指針を示すものである。このように「いかにある"べき"か」を示すものを「規範」という[4]。常識、道徳、モラルなども「規範」である。

「法や規則」と「倫理」は、明文化されているかいないかの違いはあるが、人や組織が行動するにあたっての規範である。

(2) 規則の特徴と限界

　組織における規則には、規程や内規などがある。ガイドラインやマニュアルも、一種の規則として機能している。このように「法や規則」と呼んでいるものの多くは、明文化されている。これらの規範のことを以降、「規則」とくくることにしよう。

　規則の多くは、「〜すべき」という方向に人の行動を強く義務づける特徴がある。法は、国の権力を背景に強制力をもつ。企業における規則も、賞罰や集団の力で従うように働きかける。したがって、本人の意思や考えにかかわらず、「従わなければならないもの」として示される。その点で規則は、他律的な規範である。

　一方で、次のような限界をもつ点に留意しておく必要がある[6]。

　まず、規則は、想定外の状況においては指針を示すことができない。この問題を規則だけで解決するには、あらゆる可能性を網羅した詳細で膨大な規則群を整備しなければならないが、それでも初めて遭遇する状況には対応できない。

　また、規則だけを徹底しようとすると、規則を守ってさえいれば倫理的だという錯覚を生み、違反さえなければ問題ないという考え方に陥りやすい。規則には解釈の幅というグレーゾーンがあるため、明らかに黒でない限り何をやってもよい、黒とはみなされない抜け道を探す、といった発想を招きがちである。さらには、ある規則の遵守だけを徹底するあまり、より重要度が高い可能性のある行為を切り捨てるといったことも起こり得る。

(3) 倫理と原則

　このような特徴をもち、多くは詳細に明文化されている「規則」に対して、倫理はより抽象的で一般的な「原則」によってとるべき行動を示そうとする。私たちは、それを"よりどころ"として判断するのである。

　倫理の原則とは、たとえば「ウソをつくな」「弱い者を守れ」「平等にせよ」というようなものである。こうした原則には、なじみがあるだろう。「当たり前のこと」とも思われるかもしれない。

　ただし、ある状況において、どの「原則」をよりどころにするのかは、本人の意思に委ねられている。その点で倫理は、自律的な規範である。

　原則は、抽象的であるため応用がきくが、どう適用すべきか「考える」ことを必要とする。さらに、現実の場面は複数の原則が相反することが多々あり、どの原則に、なぜ則るのかを考え、決めなければならない。

(4) 規則と倫理の相互関係

　このように、「考える」ことは重要な作業ではあるが、現実の事業活動においては、多様な考えの人々が一定の行動をとるよう、制御しなければならない場面もある。また、何かあるたびに「考える」よりも、社会の合意としての「法」や、組織の先人が考えた結果の「規程やマニュアル」に則る方が、確かな指針を得られることにもなる。規則という規範に従うことは、私たちの知恵である。

　「規則」と「倫理」は互いに補う面をもちながら、他律と自律の両方から、人のとるべき行動を指し示していると言えよう。

2.「倫理」を巡るいくつかの考察と原則

(1) いくつかの「倫理の原則」

　明文化された「規則」に対し、「倫理」は抽象的なため、とらえどころがないと思われがちである。また、自ら考えることを前提とするため、「伝えられない」と放り出されやすい。「規則は学べるが倫理は学べない」という言い方がそれである。

■ 図表1-3　いくつかの「倫理の原則」の整理

---

①自らにより多くの利益があるようにする
　・目標を達成する、成果を出す
　・競争に勝つ、高い評価を得る
　・自由のもとで、利潤を最大化する

②より多くの人が、より多くの利益を得られるようにする
　・最大多数の最大幸福（多数決で決める）
　・"公"の利益、社会全体の幸福、福祉、公共政策
　・より多くのステークホルダーが利益を得るよう調整する

③少数者や弱い立場の人に配慮し、平等をめざす
　・弱い立場や少数派のステークホルダーに特別な配慮をする
　・差別や格差をなくす
　・アファーマティブ・アクション（女性や障害者の優遇措置）

④人としての良心や、純粋な善悪の判断に従う
　・人を殺してはいけない
　・嘘をついてはいけない
　・自然や環境を守る
　・自分の望むことを人にする（望まないことを人にしない）

⑤社会や国、集団が決めた規則・法規に従う
　・法令遵守（コンプライアンス）
　・社会常識を守る
　・社内規程・ルール・マニュアルの遵守

かといって、倫理をとらえることがまったく不可能かというとそうでもない。私たちには「倫理的である」とは何か、その「原則」を明らかにしようとした先人の考察がある。この考察に基づいて、企業倫理の推進にかかわりそうな「倫理の原則」のいくつかの整理を試みたものが図表1-3である。

これらについて、少し詳しく見てみよう。

①自らにより多くの利益があるようにする

「倫理」をイメージでとらえると、利己的な行動は非倫理的で利他的な行いだけが倫理的だという解釈に陥りやすい。しかし、自分のために自由に行動しようとするのは、今の私たちの考え方の基本である。事業活動における基本的な原則も、「自分（自社）の利益を追求する」ことである。

利己的であること、それ自体に問題はない。問題は、他者とのかかわりの中で、どのようなときにそれを制限しなければならないかということである。この制限に役立つのが、以下の原則である。

②より多くの人が、より多くの利益を得られるようにする

「自分（自社）の利益」に相対するものとして、「より多くの人々の利益」を重視する原則がある。たとえば、「皆のため」「公共性」などの言葉に表される考え方であり、多数決で物事を決めることもこの原則に基づいている。企業活動で言えば、より多くのステークホルダーの利益を考えようとすることである。

③少数者や弱い立場の人に配慮し、平等をめざす

しかし、多数が望むことが絶対に正しいとは限らない。少数の側になった人は幸せになれなくてよいのか、という問題もある。

たとえば、「公共施設をバリアフリーにする」ということは、多数者だけを尊重していたのではおそらく実現しない。数の多い少ないにかかわらず、ときには少なく弱いからこそ、あえて配慮しなければならないことがある。

「少数者や弱い立場の人に配慮し、平等にする」ということもまた、1つの原則である。

④人としての良心や、純粋な善悪の判断に従う

「自分の利益」「社会の利益」「弱者の利益」、これらは、とるべき行動を行為の結果で判断しようとする。これに対し、結果はどうであれ、そもそも人として守るべきことや義務がある、とする考え方もある。

たとえば、「人を殺すな」「ウソをつくな」ということや、「自分のしてほしいことを人にもせよ」「してほしくないことはするな」といったものがあるだろう。

「人としての良心や普遍的な善悪」に基づくというのは、私たちが「倫理的」と言うときに最もイメージしやすい原則である。

⑤社会や国、集団が決めた規則・法規に従う

そして、「社会や国、集団が決めた規則や常識に従う」という原則がある。人は社会（国、集団）があってこそ生きられるのだから、社会が決めたことには従うべきだ、ということである。この原則は「コンプライアンス」の源であり、「法令遵守は倫理の一部」という認識もここに大きくかかわっているものと思われる。

3．答えよりも問い、そして理由づけること

　さて、「倫理の原則」には前述のようなものなどがあるとして、「倫理的である」ということを、私たちはどのように考えればよいのだろうか。

　まず、こうした倫理の原則の整理から、倫理とは理想論でもなければ自己犠牲や滅私奉公でもないことがわかる。ここに掲げた原則はいずれも、特別なものや難しいものではない。私たちが普段、正しく判断しようとするときに思い起こしたり、正しいと納得するための理由にしているものばかりである。

　それでも、今日の企業活動において「非倫理的」と言わざるを得ない事象が発生している。その原因は、「自分により多くの利益があるようにする」という原則だけを指針とし、ほかにもあったはずの原則を考えたり、省みることなく行動してしまうことにある。

　規則が他律的であるのに対し、倫理は自律的なものであった。また、倫理的な行動をとるには主体的な判断が必要であった。そして、原則はただ当たり前のこととしてあるだけで、それをどう使うかは私たちに委ねられている。

　倫理的であるためには、「とるべき行動は何か」「善いとは何か」を自ら考えることが求められる。倫理の原則は、この「考える」ことを助けるためにある。

　言い換えれば、こうした問いを立てること、考えること、そして、自らの理由づけをもって決めることが、さしあたって「倫理的である」ための第一歩と言えるだろう。

　さらには、そのように自分で決めたことには、自らが責任を負わなければならない。それだけの厳しさをもって物事にあたるということが、倫理的であるために必要な姿勢と思われる。

第4節 企業における倫理の意義

1.「なぜ」「何のために」推進するのか

　本章では、企業倫理を推進することの背景にある事柄として、現代企業が抱えている問題、不祥事と不正、人への理解、規則と倫理といったことを見てきた。それは「なぜ、企業に倫理が必要なのか」ということを考えるためであった。

　企業倫理を推進していくための基本的な施策には、たとえば、倫理綱領を策定する、内部通報窓口を設置する、教育・研修を実施する、といったものがある。形式的にこれらを整えるのは、必ずしも難しいことではない。しかし、こうした施策を真に活きたものにしていくためには、推進にかかわる人々自らが、「なぜ」「何のために」企業倫理を推進していくのかを考えておく必要がある。

　企業倫理の推進は、何をめざすかによって施策の具体的な内容が異なってくる。本章でも、「コンプライアンス」という言葉のもつ複雑な意味、不祥事防止と倫理的な組織づくりの違い、命令か自律かといったいくつかの分岐点を意識的にあげてきた。

　また、企業倫理は、推進してもすぐに利益に結び付くものではない。そのため、必要性はわかるが優先順位は低いということになりがちである。そこで、施策に一貫性をもたせ、推進活動への組織内の理解と共感を得るために、企業倫理を推進する「意味」を明らかにする作業と時間が必要になる。

　次章以降で展開する、具体的な推進施策の内容や要点に進む前に、「なぜ、企業が倫理的でなければならないのか」という問いに正面

から向き合い、さまざまな理由を考えてみてほしい。その道を経て絞り出された結論こそが、施策を筋の通ったものとし、組織内の現場や、場合によっては経営トップをも動かす力の源となるだろう。

2. 社会の一員としての思い

　倫理的な事業活動を実現するためには、「利己性と利他性の両立」が必要になる。このことを、「企業」を主語にして言い換えれば、「企業は社会の一員である」という言葉になる。

　社会の一員としてとるべき行動を考えることは、社会における自己の存在意義や役割を認識することから出発する。このときよりどころとなるのは、社会における自社の役割を示した「経営理念」だろう。経営理念には、創業や事業の志、企業活動を通じて社会にどう貢献し、何を成し遂げたいのかが表されているのが一般的である。

　企業倫理の推進にあたっては、倫理綱領や行動規範を策定するのが定石だが、それらは経営理念を具体化していくためのものでもある。極論すれば、社会の一員としての自社の役割が経営理念にしっかりと定められ、経営の判断や行動に反映されているならば、あえて倫理綱領を定めなくてもよいのかもしれない。そこが心もとなく、何らかの形にして確かめる必要があるからこそ、倫理綱領を定め、共有するという取り組みが求められているとも言える。

　ただし、経営理念は「社会における自社の事業の意味」であるため、それが従業員の行動にも生かされるには、従業員自身が仕事の意味をどのように見いだし、経営理念とどう折り合いをつけるかがカギになる。これは、従属することではない。「志」を同じにできるかである。

私たちは社会の一員である、という広い視野の中で、この「志」を共有することが、組織の倫理と個人の倫理を融合し、確かなものにするための基盤となるだろう。社会の一員としての思いの共有が、規則の遵守も倫理も含め、「よりよく活動する」原動力になる。

　企業倫理の推進においては、折に触れ、「事業の意味」「自分の役割」を社会との関係の中で確かめていくことが、活動の効果を高め、めざす先を示す羅針盤となる。

3. 人と組織の資質を高める

　企業倫理の推進に取り組むきっかけは、さまざまにあるだろう。たとえば、他社の不祥事、親会社や取引先からの要請、内部の不正の実態、競合他社の動向、ブランド構築の一環などである。そして、その目的もまた、不正をなくすこと、社会からの信頼を得ること、企業価値を高めることなどさまざまだろう。

　それでは、「倫理的に行動する」「倫理的である」ことは、そうした目的を達成するための手段なのだろうか。企業不祥事に厳しい世の中、という環境変化に対応し、不正を発生させず新聞ざたにもならず、地球環境に配慮して地域社会とも共生する事業活動が実現されたとき、倫理は、その役割を終えるのだろうか。

　企業の価値を資産と発展で測り、人の価値を成果と成功で測るならば、倫理的であることは必ずしもプラスに貢献するとは限らない。むしろ、倫理的であろうとしたがために競争相手に先んじられたり、余計な負荷を負うことになったり、場合によっては、大きな痛手を被ることすらある。倫理は、必ずしも本人を「幸福」にはしない。それは企業組織においても同じである。

それでも私たちは、ときに倫理という力に突き動かされ、計算も恐怖もなく、ただ正しいと思うことのためだけに行動する自分がいることを知っている。そして、そのようなとき、能力やスキルといったものを超えた、揺るがぬ強さが自らにあることを感じている。

　倫理的であることは、何の目的を与えずとも、それ自体に卓越した価値がある。それは、「よりよく生きる」ということが、それだけで尊いのと同じである。その価値が、私たちをより優れた存在へと導く。企業倫理を推進するとは、このように、人と組織のあり方にかかわっていくことである。

注釈

(1) 　米国における「Business Ethics」は、学問的には1970年代ごろから応用倫理学と経営学の両領域にて起こり、社会的・企業実務的には1980年代半ばのレーガン政権下における防衛産業スキャンダルを契機に制度化の歩みを始めたとされる。
　　　中村瑞穂編著『企業倫理と企業統治―国際比較―』文眞堂（2003）p.1-4、p.14-20

(2) 　フリーマンは経営者の役割として、ステークホルダー間の要求のバランスをとることを求める、ステークホルダー理論を提唱している。
　　　中谷常二編著『ビジネス倫理学』晃洋書房（2007）p.50-92

(3) 　平野仁彦・亀本洋・服部高宏『法哲学』有斐閣（2002）p. 28-31

(4) 　水谷雅一は、旧来の企業経営における価値原理を「効率性原理」と「競争性原理」との2つに集約できるとした上で、経営倫理（本書における企業倫理）のめざすところは、これら2つの原理に「人間性原理」と「社会性原理」を加えて、「効率性」「競争性」「人間性」「社会性」の4つの価値の均衡拡大をはかる経営活動を実現することであるとした。そして、こうした考え方に基づく「経営価値四原理システム」を提唱している。
　　　水谷雅一『経営倫理学の実践と課題』白桃書房（1995）

(5) 「不祥事対応としての危機管理」と企業倫理との相違については、以下に詳しい。
企業倫理研究グループ『日本の企業倫理』白桃書房（2007）
(6) 規則の限界に関しては、「決議論とその問題点」として以下に詳述されている。
D.スチュアート著、企業倫理研究グループ訳『企業倫理』白桃書房（2001）p. 19-20

参考文献
- 水谷雅一『経営倫理学の実践と課題』白桃書房（1995）
- 梅津光弘『ビジネスの倫理学』丸善（2002）
- D.スチュアート著、企業倫理研究グループ訳『企業倫理』白桃書房（2001）
- 企業倫理研究グループ『日本の企業倫理』白桃書房（2007）
- 中村瑞穂編著『企業倫理と企業統治―国際比較―』文眞堂（2003）
- 中谷常二編著『ビジネス倫理学』晃洋書房（2007）
- 宮坂純一『ステイクホルダー・マネジメント』晃洋書房（2000）
- 平野仁彦・亀本洋・服部高宏『法哲学』有斐閣（2002）
- 杉本泰治・高城重厚『第二版　大学講義　技術者の倫理 入門』丸善（2002）
- 加藤尚武『応用倫理学入門』晃洋書房（2001）
- 加藤尚武『現代倫理学入門』講談社（1997）

第2章
倫理的な組織づくりに向けて

第1節 企業倫理に関する概念と推進手法

1．企業倫理に関する概念

　日本において、企業倫理やコンプライアンスへの関心が高まり始めたのは2000年ごろからと思われる。その後、環境問題や法整備への対応が迫られたこともあって、「CSR」や「内部統制」「コーポレート・ガバナンス」といった言葉も注目されるようになった。ただし、これらは急速に普及したこともあり、その意味や使われ方にはやや混乱が生じているようである。
　そこで、企業倫理の推進を考えるにあたって、こうした関連する

■ 図表2-1　企業倫理に関する概念

社会への責任を果たす（風土改革／意思決定／組織の行動）	
CSR	ステークホルダーに対して責任ある組織活動をし貢献する
企業倫理（倫理的な事業活動）	◆広義のコンプライアンス＝倫理的な判断や行動を主体的に行う
コンプライアンス（法令の遵守）	◆狭義のコンプライアンス＝明確化された法や規則に従う
社会への義務を果たす（体制構築／適法性／組織の統治）	
内部統制	不正防止のためのチェックシステムを組織内に構築し運用する
コーポレート・ガバナンス	組織が透明性をもち適正に運営されるための統治システムを実現する

概念の意味や位置関係を整理しておきたい。一義的には論じられない部分もあるが、あえて整理を試みたのが図表2-1である[1]。なお第1章の図表1-1は、この図の一部を抜き出したものである。

図表2-1では、企業倫理に関する概念を適法性や適正さといった「社会への義務を果たす」意味が強いものと、倫理や貢献といった「社会への責任を果たす」意味が強いものに分けている。以下、この図の下から上に向かってそれぞれの概念を確認していこう。

(1) コーポレート・ガバナンス

企業倫理に関する概念について「組織の適正さを保つために体制を構築する」という方向性をもつものをまとめれば「コーポレート・ガバナンス」の言葉でくくることができよう。これは、株主総会や取締役の機能といった経営の意思決定機構のあり方を検討し、統治の仕組みによって事業活動の透明性や適正さを確保しようとするものと言える。

コーポレート・ガバナンスは「企業統治」と訳され、「会社はだれのものか」といった議論に示されるように、株主という企業外の存在を特に意識したものでもある。

(2) 内部統制

一方、企業内の統治の確立という点から、近年の法整備を機に脚光を浴びているのが「内部統制」である。内部統制は、財務報告の信頼性を確保するための取り組みから出発して、その後、業務全体を対象とするようになったものだが、仕組みと基準を整備することによって業務活動の適不適をチェックするという考え方が中心に

なっている。

　今日では、コンプライアンス（法令の遵守）も主要な目的に含んだ上で[2]、「不正防止のための体制を構築する取り組み」と理解されることが多い。

（3）コンプライアンス

　日本の実務界において、「コンプライアンス」の言葉が用いられ始めたのは1990年代後半と言われている。バブル崩壊後のこの時期は、利益の不正供与や贈収賄などの事件が「企業不祥事」として社会的に問題視されており、監督官庁は企業に対して法令遵守の徹底の意味で「コンプライアンス」を要請した。特に、金融業界では金融検査の一環として「コンプライアンス体制」の構築が求められ、業務の監視体制が強化されることとなった。こうして「コンプライアンス」という言葉の普及とともに、アメリカでの施策[3]などが参考にされつつ「事業活動における法令遵守」が重視されるに至ったのである。

　その後2000年代に入ると、偽装や隠蔽などの事件が「企業不祥事」として問題になり、こうした事件を機に「法令遵守」も含めた「倫理的な事業活動」が問われることとなった。その際に「コンプライアンス」の言葉を広げて解釈し、「企業倫理」の意味でも用いるようになったと思われる。ただし、その使い分けは現在でもやや混乱している。

（4）企業倫理とコンプライアンス

　第1章で確認したように、コンプライアンスは「法や規則に従う」

という意味であるがために他律的な姿勢を招きやすいのに対して、企業倫理は「倫理的な判断や行動を主体的になす」という主体性や自律性がより必要なものであった。

この両者のより明確な違いは、判断や行動のよりどころが「法や規則」にあるのか、「倫理の原則」にあるのかにある。法や規則は明文化されていることが多いが、倫理の原則は抽象的で、それに基づいてどのような判断をするかは本人に委ねられる。

ただし、「倫理的である」ことの中には、法や規則を守ることも含まれる。「主体的に遵守する」態度が実現されたとき、コンプライアンスは企業倫理の一部として含まれることとなる。

(5) CSR（企業の社会的責任）

企業倫理もコンプライアンスも、社会に対する企業の責任を意味している点では共通している。この両者を前提に、社会を「ステークホルダー」としてより明確に意識して、ステークホルダーへの責任をどう果たすか、ステークホルダー間のバランスをどうとるかという観点から事業活動を考えるのが「CSR」と言える。

CSRでは、倫理的な判断の仕方やよりどころを浸透させること以上に、その結果としての活動事項そのものが関心事となる。企業倫理が「なぜ」を重視するのに対して、CSRは「どうやって」を中心に発想するものとも言えよう。

したがって、CSRと企業倫理は包含関係ととらえるよりも、「組織の倫理的な判断と行動によって、ステークホルダーへの責任ある活動が実現する」と整理するのが適切だろう。図表2-1は、こうした意図を図示したものでもある。

2. 企業倫理を推進するための手法

　企業倫理とコンプライアンスとは共通する部分もあり、「コンプライアンスの一部は企業倫理に含まれている」とも言える。しかし両者は、よりどころを何に求めるか、また判断と行動のあり方にも違いがあるため、推進手法は区別して考える方が望ましい。

　以降では、コンプライアンスの推進手法と対比させながら、企業倫理を推進するための手法について考えていく[4]。

（1）企業倫理におけるよりどころ

　倫理的な行動には、絶対解はないと言われる。私たちは、だれかにとって良いことがだれかの犠牲の上に成り立つといった、二律背反的な葛藤を経験することがある。だからこそ、「自ら考え、理由づけた上で判断し行動する」過程が重要になる。

　ただし、「企業倫理」という組織行動における倫理を実現するには、経営者から従業員まで組織を構成する人々の判断や行動の方向性をある程度合わせておく必要がある。

　そのための「よりどころ」となるのは、組織がもつ価値観である。そして、この組織の価値観をいかに共有するかが、企業倫理を推進する上での重要な課題の1つになる。

（2）組織の価値観

　企業、行政組織、あるいは部や課単位でもよい。複数の構成員からなる集団には、おのずと"らしさ"のようなものが生まれ、人々の行動に影響を及ぼしている。この"らしさ"は、集団の中にいる

ときには気づきにくい。ところが、他部門のメンバーや他社の社員と話をしているとき、自分が属する集団で当然のごとく「良い（あるいは悪い）」とされてきた暗黙の基準が、まったく無力であったり、時に否定されたりする体験をすることがある。

このように集団の中には、人々の判断や行動に影響を及ぼし、時に支配する共通の基準がある。これが集団のもつ価値観である。

企業倫理における「組織の価値観」とは、「判断や行動において、組織の一員としてどのような倫理の原則に基づくのか」ということへの共通の基準である。組織として、何を正義とし、だれに配慮し、どのように責任を負うかといったことへの、倫理的な理想とも言えるだろう。

組織の価値観は、「私たちはどう行動すべきか」という規範、あるいは行動の指針となる。規則のような緻密さや強制力はなく、形すらないかもしれないが、こうした価値観が組織に浸透し、心から受け入れられたとき、それは規則よりも確かなよりどころとなり、統制よりも強く、かつしなやかに、人々の行動をより望ましい方向に導くことになる。

(3) コンプライアンス推進の難しさ

一方、コンプライアンスを推進する目的は、「法や規則が確実に遵守されている状態を実現すること」である。この目的は内部統制の目的とも重なり合い、「違反を防止すること」とも言い換えられる。ただし、こうした規則遵守や違反防止を徹底する活動には、いくつかの難しさがある。

まず、規則は、あらゆる状況に漏れなく対応すればするほど詳細かつ膨大になってしまう。このことは第1章でも確認した。

また、規則は自分の意思にかかわらず、従うことを外から要求される。そして、期待されるのは遵守する「行為」である。そのため、どうしても他律的な態度、「従いさえすればよい」姿勢を招きやすい。そもそも主体性を求めるのが難しく、「罰」で義務づけることになる。これが、さらに強圧的な印象ややらされ感を生んでしまう。
　「遵守せよ」「違反するな」という表現は、「違反する可能性がある」ことを前提にしている。人は、不正や違反の誘惑に負けやすい弱さをもっており、これを前提に施策を講じるのは組織の義務だが、違反防止のための施策、特に教育は「疑われている」という反感を生み出しやすい。

（4）コンプライアンスの推進手法

　こうした難しさをふまえた上で、コンプライアンスを推進するための手法をまとめれば、規則や基準を明確にする、知識を得るための教育を実施する、違反防止のための仕組みを講じることが基本になる。

①規則や基準を明確にする

　規則を定めたりマニュアルを整備する際には、「規則を詳細にするのは限りがない」「すべての事態に対応できるわけではない」ことをふまえておく必要がある。
　規則を詳細にすることは、何らかの事案が発生した後でその是非を判定する根拠になる。ただし、日々の業務活動の中で規則を判断の基準とするには、それを個人に理解させ行動に反映させることが必要になる。その量には限界があり、詳細になるほど負荷がかかることには配慮しておきたい。

②知識を得るための教育を実施する

コンプライアンスにおける教育は、法令や社内規程、マニュアルなどの基準を知り、現実に適用した場合の基本行動を理解することが中心になる。何は認められ、何が違反になるかを知ることは、遵守行動の前提である。

ただし、知識を得ることと、それを守ろうとする意識を醸成することとは別である。規則に関する知識学習として「違反した場合の罰則」を同時に伝えることがあるが、罰を知ることは違反行動を防ぐ最低限の歯止めにはなるが、積極的な動機づけにはなりにくい。

③違反防止のための仕組みを講じる

先に述べたような難しさをもつコンプライアンスを効果的に推進するには、教育よりはむしろ仕組みに重きを置くのが望ましい。罰則と基本行動の徹底で違反行為を制御するよりも、違反そのものができない、必ず発見される仕組みをつくる、もし違反が起きても影響が軽いうちに対策が打てるシステムを構築することが望まれる。それが、組織として社会への義務を果たすことでもある。

さらに、こうした違反防止のための手法は、「遵守への価値観」の共有によって真の実効性をもつことを強調しておきたい。価値観に基づいて遵守することが実現したとき、仕組みはむしろ不要になり、規則は自律的に守られていくものとなる。

(5) 企業倫理の推進手法

コンプライアンスの推進では「明確化された規則や基準」を徹底することが課題だが、企業倫理の推進においては「組織の価値観」をいかに共有し浸透させていくかが課題となる[5]。

こうした課題をふまえた企業倫理の推進手法においては、組織の価値観を形にする、対話による学習の場を設ける、葛藤(かっとう)を受け止め組織風土を変えることが基本になる。

①組織の価値観を形にする

　価値観はそもそも形のないものであるが、共有するにあたっては一度「原則」として文章化し形にする方が施策が推進しやすくなる。この「組織の価値観」に基づいた原則が、倫理綱領や行動規範などと呼ばれるものである。形式や構造は組織によって異なり決まりはないが、1つだけ留意しておきたいことがある。それは、「詳細にしすぎない」ことである。

　原則は抽象的で応用がきき、規則は具体的で適用が限られる。両者の間に明確な隔たりはなく、原則を具体化していけば規則になり、規則を抽象化していけば原則に近づく関係にある。

　倫理綱領や行動規範を策定する場合に、あまりに詳細にすると「コンプライアンスの基準」としては役立つが、「倫理の原則」としては機能しなくなる恐れがある。倫理綱領とコンプライアンスの基準とは意識的に区別し、しかもお互いに内容の連携がとれていることが望ましい。

②対話による学習の場を設ける

　組織の価値観は、原則という形で文章化しても抽象度の高いものである。それを共有するとは、組織の構成員一人ひとりがその価値観に共感し、自らがもつ価値観と折り合いをつけ、再び"形のないもの"として内在化させる過程と言えるだろう。

　そのために最も効果的な方法は、「対話」をすることである。価値観に関する何らかの"問い"をきっかけに、考え、発言し、他者

の意見を聴いて、触発され、納得することである。こうした対話を起こす教材として適切なのが「ケース」であり、これを活用した学習方法として「ケースメソッド」が効果的である。

また、対話において人が辿る思考は「倫理的である」ために必要な「問い、考え、理由づけ、判断する」プロセスそのものでもある。対話による学習を繰り返すことは、組織の価値観を共有すると同時に、倫理的な思考を習慣づけるのに役立つ。

さらに、教育のために特別な「対話の場」を設けるだけでなく、権限委譲を進め意思決定をできるだけ現場に委ねることが、企業倫理の推進においては望ましい。現実場面の中で葛藤に向き合い、対話で結論を得た経験こそ、何にも代え難い学習の機会になる。

リスク管理の観点からは、個人や現場の裁量範囲はむしろ縮小し限定する方が好ましいと言われる。しかし、今日の組織変革や人材育成の大きな潮流を考えても、違反防止の仕組みは講じつつ、権限委譲を基調にし、それに耐えうる人材の育成を志向する方が、企業倫理やコンプライアンスの推進だけに止まらない、人と組織そのものを育てる上で望ましいのではなかろうか。

③葛藤を受け止め組織風土を変える

組織の価値観を共有し、「問い、考え、理由づけ、判断する」習慣が人と組織に根づいてくると、ある判断が倫理的かどうか悩んだり、ジレンマに直面しやすくなる。こうしたとき組織として、悩みを受け止め何を善しとするのかを示す機能が必要になる。この機能をまず担うのが相談窓口である。

また、企業倫理の推進にあたっては各職場に「推進リーダー」を置くことが望ましいが、この推進リーダーが職場メンバーの倫理的な葛藤を受け止め、ともに考え、さらに上長に相談することができ

る組織づくりをめざしたい。これは、組織の風通しをよくし、隠蔽体質を防ぐことにつながるだろう。

　以上、コンプライアンスの推進手法と企業倫理の推進手法を見てきたが、両者はそれぞれに目的も意義も異なっている。企業倫理の推進にあたっては、両者の違いを理解し区別した上で施策を具体化していくことが大切である。
　ここで、2つの手法を整理してまとめておこう。

■ 図表2-2　企業倫理の推進に関する2つの手法

	コンプライアンスの推進手法	企業倫理の推進手法
主題	規則や基準を徹底する	組織の価値観を共有する
目的	不正・違法行為を防止する	倫理的な判断と行動を実現する
よりどころ	明文化された詳細な「規則」「マニュアル」	応用がきく指針としての「価値観」「原則」
学習	「知識」を習得し基本行動を覚える	倫理的な「思考」過程を習慣づける
権限	個人や現場の裁量範囲を限定する	個人や現場への権限委譲を促す
施策	違反防止の仕組みと統制システム構築	倫理的な判断のできる人材育成と組織変革

● 第2章 ● 倫理的な組織づくりに向けて

第2節 組織における担当部門の役割

　企業倫理の推進のためには、組織として施策を講じ、展開していくことが必要である。施策の立案から実施までの実務を担当する専門部署や担当者を設置する企業も増えてきた。企業組織によって独立した部署を設ける場合もあれば、総務部門や法務部門などの中に担当者を置く場合もある。本書では、企業倫理の推進を担う部署を、以降「担当部門」と呼んでいくことにしたい。

　組織的に施策を展開していくには、組織全体を俯瞰し、周囲との関係のとり方や自らの位置づけを明らかにしておくことが必要になる。ここでは、組織における担当部門の役割を、周囲の関係者への働きかけを通して考えていこう。

1. 経営層への働きかけ

（1）経営層への働きかけが必要な理由

　企業倫理を推進するにあたって肝要なのが、経営層の理解と共感をいかに得るかである。それは、次のような理由による。

①経営層の価値観が強く影響する

　組織の価値観を共有するとき、「経営層の価値観」は強い影響を及ぼす。倫理綱領からコンプライアンスの行動基準までという一連の「原則と規則の体系」の頂点にあるのが、経営層の価値観である。

また、従業員が考え判断する際には、経営層自らが指針としている倫理的な原則や判断の志向が強く作用する。上位の階層になるほど、その人の考え方や言動が組織風土に強く作用することは実証的にも広く知られているが、このことは企業倫理においても例外ではない。

②施策を実行するためのリーダーシップ
　価値観を共有するための具体的な施策は、「対話」し「考える」ことが中心となる。しかも一部の人たちだけではなく、全員が継続して行っていく必要がある。そのためには、時間と手間と費用がかかる。そこで、経営層がこれを認めた上で「それでも推進する」ことを現場に示す必要がある。
　また、企業倫理を推進していく過程で、組織全体での潜在的な問題が見えてきたり、制度の変更が必要になることがある。業界全体の規模で改善に取り組まなければならない場合もあるだろう。こうしたとき、経営層の強いリーダーシップが必要になる。

③企業倫理は経営の課題
　最後に、倫理的な事業活動を実現することは、現場のマネジメントだけでなく、むしろ経営の課題そのものであることをあげておきたい。第1章で述べたように、社会における企業組織の責任を問い直し、事業活動の意味づけを変えていくことは、高い視点と広い視野をもって行われていくべきことである。これは、経営層の重要な課題の1つにほかならない。

（2）経営層に働きかけるには

　担当部門として経営層に働きかけることは困難を伴う場合もあるだろう。しかし、経済団体や業界団体の中には、企業倫理をテーマとした経営者セミナーの開催などの活動を行っているところもある。こうした団体などで、他社の経営者との交流や情報交換が、企業倫理への理解を得るきっかけになることもあるだろう。

　また、担当部門が企画して経営会議の前後の時間に「研究会」を催したり、年に一度「企業倫理強化月間」を設け、そのプログラムの1つとして部門長から経営層までを集めた「ケース討論」を行っている事例もある。あるいは、全社的な調査を実施して実証的な数値データを示したり、内部通報の情報を報告して組織の現状や問題点を伝える方法も有効である。

2. 現場への働きかけ

（1）当事者意識を醸成する

　企業倫理の推進においては、広くすべての現場に働きかけることが必要になる。組織の価値観を共有し、組織風土を変えていくためには、現場の、すべてのメンバーの参画が欠かせない。

　しかし、活動に取り組み始めた初期の段階では、現場との間で若干の温度差が見えてくることもある。勉強会の実施など、手間や時間がかかる施策であれば、なおさらだろう。

　現場の共感と参画を促すためには経営層の理解と協力を得るとともに、施策を推進する過程でなるべく早い段階から現場のキーパー

ソンを巻き込み、当事者意識を醸成することが肝要である。

(2) 現場と協同で進める

　人は、一時的には時間を費やし苦労をしても、自らかかわったことには愛着を感じ、それをできるだけ活用したい、広めたいという意欲が芽生え、主体的に行動するようになる。

　担当部門として現場の負担に配慮することは大切だが、一人で苦労して万事を整えるよりも、むしろ"適切な負荷"を見極めながら、現場主体、キーパーソン主体の活動を志向する方が結果的には現場のための施策となることが少なくない。

　最初は不満や摩擦が生じ、精神的に厳しい状況が発生するかもしれない。自分でやった方がスムーズに進む物事に、いら立つほどの手間や時間がかかるかもしれない。しかし、ともに行う作業や議論の過程を通じて、もともと互いにもっている「組織をよりよくしていこう」というベクトルが一致してきたときには、かけがえのない"同志"になる。その数が増えれば、施策を展開しやすい土壌が整備されることになる。

(3) 推進リーダーを置く

　こうした状況を実現させるためには、組織の公式の制度として、現場における企業倫理の「推進リーダー」を置くことが必要である。できれば部や課ごとに、20～30人に1人以上の割合で、課長あるいは中堅リーダー層ぐらいの現場の活動を直接束ねている立場の人に担ってもらうのが、実行力や機動力といった面からも望ましいだろう。

今日、「現場の推進者」を任命している企業は少なくない。また、部門長などの管理者層が「責任者」となっている場合もある。全体を統括し、責任の所在を明確にするという点で「責任者」を置く意義はあるが、推進の実際を考えた場合には、実働部隊としての「推進リーダー」を置くことが望まれる。

(4) 支援する側に回る

担当部門は推進施策の「Plan」を立てる段階では中心的に活動する必要があるが、「Do」の場面では、現場の推進リーダーが活動しやすくなるよう支援する側に回るのが望ましいと思われる。ただし、支援者だから楽になるかと言えば、むしろ逆かもしれない。リーダーを動機づけ、どのような支援が必要かを察知し、押し付けにならないような効果的な配慮をしていく必要があるからである。

独りで頑張りすぎない、推進リーダーの支援者になる、といった姿勢が、担当部門が現場に働きかける際の要点と言えよう。

3. 他部門との連携をとる

(1) 企業倫理の推進に関連する部門

企業倫理の担当部門はトップ直轄で設置される場合もあるが、スタッフ系のある部門が主管となったり、そこに担当者が置かれる場合もある。担当となる部門は企業によって、総務部門、法務部門、環境部門、監査部門、ブランディング部門、経営企画部門など、それぞれである。

こうしたことは、企業倫理の推進が企業組織のさまざまな活動に関連することを表している。つまり、法的対応はもちろんのこと、経営戦略、ブランド構築、環境対応、監査などの多様な事項が対象になるということである。

　部門にはそれぞれの専門性があるが、広い範囲の事項に一部門、あるいは限られた人数で対応するのは、現実的に困難である。自部門（自分）の領域だけにこだわらず、組織内のさまざまな部門との連携を志向することが、施策の展開をより進めやすく、かつ効果的である。

(2) 経営企画部門との連携

　倫理綱領の制定や価値観の共有は、経営企画的な部門が担う「理念・ビジョンの浸透」というテーマに近い。また、その推進においては「インナーブランディング」と呼ばれる、組織内でのブランド構築の手法が大いに役立つと思われる。

　これは、ポスターの掲示やカードなどのツール、社内報などの媒体を活用して従業員の自社ブランド意識を醸成していくものだが、企業倫理の推進も「自社は社会の一員としてどのような存在か」というテーマを核としていることからも、こうした手法を柔軟に応用するのは効果的だろう。

　たとえば、インナーブランディングの手法の1つに、「ブランドブック」というツールを作成するやり方がある。これは、絵本などの形をとり、イラストとごく短い文章、あるいは物語の展開を通じて、自社の理念、社会における存在意義、大切にするもの、社員に期待されることや行動、といったことが非常に平易に語られているものである[6]。

推進施策の導入期にこうしたツールを用いれば、施策そのものへの共感や親しみを呼び起こすことも可能となり、その後の展開が進めやすくなる。

(3) 人事・教育部門との連携

　人事・教育部門との連携も、できれば早い段階から考慮しておくことが望ましい。企業倫理の推進には教育が不可欠であるが、集合での研修は時間的な面などで、現場に負荷をかけることが少なくない。企業倫理の研修だけを単独で計画するよりも自社の教育体系と連動させておく方が、関係者の負荷を減らしたり混乱を少なくすることにもなる。

　入社時はもちろん、昇格時などの節目に研修があれば、そのプログラムの1つとして企業倫理の研修を組み込んだ教育体系を構築しておくと、息の長い取り組みとして定着していくことにもなる。

　また、倫理的な行動がとれているかどうかを人事考課の主要な項目として設定することは、企業倫理を組織に定着させる上で効果的である。それは、企業が期待する人材像として「倫理的であること」を明確に示し、実行したことについては適切に評価するインセンティブを与えることになるからである。こうした施策も、人事部門と連携しながら進めていくことが必要になる。

　以上は一例だが、ほかにもさまざまな部門と横の連携をとっておきたい。こうした連携をとることは、施策の立案や展開にあたっての思いがけないアイデアや専門的なノウハウの獲得につながる。互いの施策の整合性をとり、一部を相手に委ねることもあるかもしれない。

プロジェクトのような形がとれれば理想的だが、難しければ少しずつでも近いところからでも理解者や協力者を増やし、自部門にこもらない努力をし続けることが必要だろう。

注釈

(1)　「企業の社会的責任」を階層的に示したものとしては、A.B.キャロルの整理が知られている。この整理では、社会的責任を①経済的責任②法的責任③倫理的責任④裁量的（社会貢献的）責任として示している。図表2-1は、キャロルの整理も念頭に置いている。
　　鈴木辰治・角野信夫編著『企業倫理の経営学』ミネルヴァ書房（2000）p.81-87

(2)　今日の内部統制の目的としては、COSOレポートの掲げる「業務の有効性・効率性」「財務諸表の信頼性」「関連法規の遵守」が基礎とされることが多い。日本ではこれらに「資産の保全」を加えた4つが、内部統制報告書（金融商品取引法によって義務化）における内部統制の目的として定義された。

(3)　アメリカでは、1991年制定の連邦量刑ガイドラインにより、「法律を遵守させるための」担当者を任命したり、システムを構築することで、違法行為を犯した場合の量刑（罰金）が減免されることになっている。

(4)　本項での2つの推進手法の対比は、リン・シャープ・ペインが「倫理を管理するための戦略」として整理している「法律順守を目指す戦略」と「誠実さを目指す戦略」の考え方に基づいている。
　　リン・シャープ・ペイン著、梅津光弘・柴柳英二訳『ハーバードのケースで学ぶ企業倫理』慶應義塾大学出版会（1999）

(5)　価値観の共有に基づく企業倫理の推進については、前掲『ハーバードのケースで学ぶ企業倫理』に詳しいほか、以下などにおいてもその価値と可能性が論じられている。
　　梅津光弘『ビジネスの倫理学』丸善（2002）
　　企業倫理研究グループ『日本の企業倫理』白桃書房（2007）

(6) ブランドブックの例としては、株式会社東ハトが、2003年、民事再生法の申請を経て再出発した際に全社員に配布したという絵本『お菓子を仕事にできる幸福』などが参考になろう。本書は市販されている。東ハト編『お菓子を仕事にできる幸福』日経BP社（2004）

参考文献

- リン・シャープ・ペイン著、梅津光弘・柴柳英二訳『ハーバードのケースで学ぶ企業倫理』慶應義塾大学出版会（1999）
- リン・シャープ・ペイン著、鈴木主税・塩原通緒訳『バリューシフト―企業倫理の新時代―』毎日新聞社（2004）
- 梅津光弘『ビジネスの倫理学』丸善（2002）
- 企業倫理研究グループ『日本の企業倫理』白桃書房（2007）
- 鈴木辰治・角野信夫編著『企業倫理の経営学』ミネルヴァ書房（2000）
- 貫井陵雄『企業経営と倫理監査』同文舘出版（2002）

第3章

企業倫理推進のための施策

第1節 推進施策の全体像

　企業倫理とは、不祥事対策や従業員の不正管理にとどまらず、社会の一員として、利益の追求と倫理的な行動とを両立させていくことである。また、倫理的であるとは、規則にかなっていることだけではない。遵守することも含めて、自ら問い、考え、理由づけて判断する主体的な行動が求められる。そして、倫理的な組織づくりのためには、組織の価値観の共有が大切になる。

　こうしたことをふまえて本章では、企業倫理を推進していくための施策を具体的に見ていこう。

　企業倫理を推進していくための施策には、大きく分けて次の4つの柱があると考えるとよいだろう[1]。

1. 組織体制の構築
2. 倫理綱領の策定
3. 学習機会の創出
4. チェック機能の確立

1. 組織体制の構築──推進活動を機能させる

　企業倫理の推進は、特定の部門や階層に限られるものではない。経営層から一般社員、派遣社員や契約社員まで、あらゆる構成員が対象になる。企業全体としての活動を継続的に行い施策を展開していくためには、体制を固めることが必要になる。具体的には、以下のような事項があげられる。

（1）企業倫理担当役員の任命

　企業倫理は、経営のあり方そのものにかかわるテーマである。したがって、その推進には経営トップの強いリーダーシップが欠かせない。企業倫理に取り組む組織の意志を示し、最終的な責任の所在を明らかにするためにも担当役員の任命が必要である。専任役員として任命され、推進活動を統括していくのが望ましい。代表権のある取締役が就任する場合もある。

（2）企業倫理委員会の設置

　企業倫理を推進する過程では、倫理綱領の策定や全社的な状況把握と施策の検討・承認など、組織的な意思決定が必要な場面が発生する。また、組織として対応を検討し、問題解決にあたらなければならない事態が発生することもある。

　組織全体に関する事案を検討する機関として設けられるのが、企業倫理委員会である[(2)]。委員会は、組織横断的に重要な意思決定を行うこともあるため、部門長以上の役職者で構成されることが多い。

　会合は、年度中の開催予定をあらかじめ定めておくとともに、必要に応じていつでも開催できる体制を整えておくことが望ましい。

（3）企業倫理担当部門と担当者の任命

　企業倫理担当役員や委員会が組織全体での企業倫理の責任をもつとすれば、その意思決定を助け、施策を具体化し推進する実務を担うのが、企業倫理担当部門である。企業倫理担当部門は、CSR部門、コンプライアンス部門などと呼ばれる場合もある。

組織によって、総務部や法務部などのスタッフ部門の中に担当者を置く場合と、独立した担当部門を設ける場合とがある。独立した部門を設ける場合は、トップ直轄として位置づけられることが少なくない。

　企業倫理の推進は、継続的な教育・研修や相談窓口の運用、さらには突発的な事案への対応まで多岐にわたるものとなるため、少なくとも担当者は専任、できれば独立した専門の部署を設けるのが望ましい。実際には、総務部の担当者が兼任していたが、後に独立して一部門となった、というケースも見られる。

(4) 各職場における推進リーダーの任命

　企業倫理の担当部門が独立して設置されたとしても、すべての部門と構成員に対して施策を展開するには人的に限界がある。担当部門と現場をつなぎ、職場単位で施策の展開を担う推進リーダーが必要である。

　推進リーダーを任命する際に留意したいことは2つある。1つは適正な人数を配置すること、もう1つは、彼らの役割と活動内容を明確にすることである。

①推進リーダーの配置

　推進リーダーには、現場の悩みや問題を機敏にくみとれる機動力が求められる。部や課単位で、せめて20～30人に1人の割合で任命したい。大規模な組織の場合には、推進部門—推進リーダー長—推進リーダーというように階層構造を設けることもある。こうした階層構造を活用して施策の展開を図ることを、段々の形をした滝にたとえて「カスケード方式」とも言う。

推進リーダーは、課長などの管理職が担う場合もあるが、将来の管理職候補と思われる中堅リーダーを任命するのも次世代の育成という点から有効である。企業倫理の推進という全社的な活動にかかわった経験は、貴重な成長の糧となるだろう。

②役割と活動内容の明確化

推進リーダーを任命する際には、彼らの役割を明確にすることが不可欠である。組織によって異なるが、おおむね「担当部門と現場との間の窓口機能」「メンバーへの教育・研修施策の実施」「職場における問題状況の一次把握」「改善施策の立案と実行」などの役割が設定されている。

ただし、推進リーダーを任命しただけで終わらせず、施策の展開を図っていくためには、活動内容を明確化することが必要である。「職場の倫理意識を醸成する」といった抽象度の高い文言にとどめず、「〇月に、△△を用いた勉強会を、全メンバーに対して実施する」といった実行計画レベルで示すようにしたい。

③推進リーダーの参画と育成

推進の初期段階では、推進担当が施策を立案して年度計画に落とし込み、教育・研修プログラムや教材などまで整えて推進リーダーに伝える進め方が現実的である。しかし将来的には、施策立案の早い段階から推進リーダーの参画を促し、ともに施策を進めていく体制に移していきたい。

推進リーダーには、企業倫理を実践する意味を自ら考え、納得し、共感することが求められる。それは、「企業倫理の推進によって企業をどう変えるのか、それはなぜなのか」を考えることである。さらに、施策実施のための知識や技術を身につける必要も出てくるだ

ろう。こうしたことを実現するためには、推進リーダーを育成する場、教育・研修の機会を設けることが必要になる。

2. 倫理綱領の策定—組織の価値観に基づいた原則をつくる

（1）倫理綱領の体系

　倫理綱領とは、組織の価値観に基づいて、組織が大切にする倫理的な原則を明らかにし、判断や行動のよりどころとなるようにしたものである。

　事業活動における判断や行動のよりどころになるものとしては、倫理綱領のほかに、創業の精神や社是・社訓などの経営の理念と、行動マニュアルや社内規程などの具体的な規則とがある。

　経営理念や社是・社訓などは組織の価値観の原点である。しかし、一般に抽象度が高く、倫理的な原則としてはもう少し具体的なものが必要である。一方、行動マニュアルや社内規程は詳細で具体的だが、倫理的な行動のよりどころとしては限界がある。

　倫理綱領は、経営理念や社是・社訓を倫理的な原則として具体化したものと言える。ただし、原則であるため抽象度は高い。そこで、業界規範や法規・法令などと照らして具体的にし、行動指針などを定めることもある。具体化することは規則に近づいていくことでもあるため、その先には行動マニュアルや社内規程があることになる。

　こうした体系を示すと図表3-1のようになる。企業組織によって呼称は異なるが、本書では倫理綱領を具体化したものを行動基準や行動指針とし、これらを包含して行動規範と呼ぶこととする。

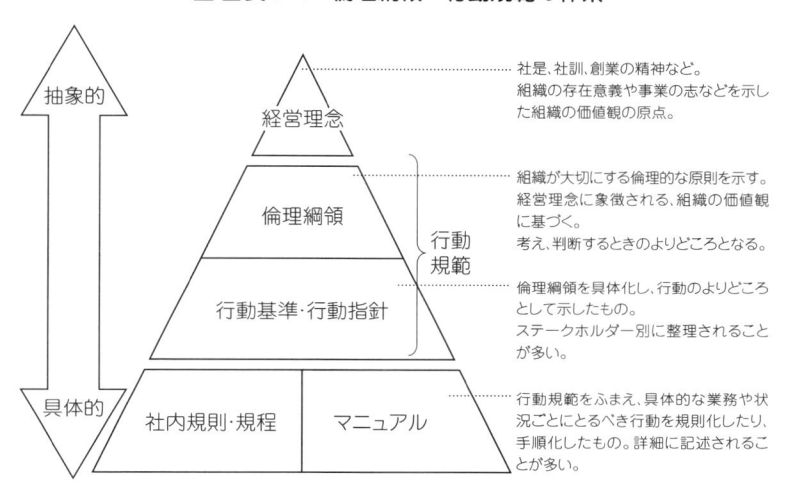

● 第3章 ● 企業倫理推進のための施策

■ 図表3-1　倫理綱領・行動規範の体系

ピラミッド図：
- 頂点（抽象的）：経営理念 …… 社是、社訓、創業の精神など。組織の存在意義や事業の志などを示した組織の価値観の原点。
- 倫理綱領 …… 組織が大切にする倫理的な原則を示す。経営理念に象徴される、組織の価値観に基づく。考え、判断するときのよりどころとなる。
- 行動基準・行動指針 …… 倫理綱領を具体化し、行動のよりどころとして示したもの。ステークホルダー別に整理されることが多い。
- （倫理綱領＋行動基準・行動指針＝行動規範）
- 底辺（具体的）：社内規則・規程／マニュアル …… 行動規範をふまえ、具体的な業務や状況ごとにとるべき行動を規則化したり、手順化したもの。詳細に記述されることが多い。

（2）行動規範と倫理綱領

①行動規範制定の流れ

　今日の日本において、行動規範を制定する企業は増えている[3]。特に2000年以降は制定の動きが加速したが、これには次のような背景があった。

　まず、1990年代後半以降の企業不祥事をきっかけに、企業倫理やコンプライアンスのための規範が必要となった。また、2003年ごろからは、CSR（企業の社会的責任）が注目され、CSR活動の礎として、憲章を定める取り組みが活発化した。そして2005年以降は、会社法の改正やJ-SOX法をきっかけとした内部統制の体制構築のために、業務の適正さを確保する基準を定めることが求められた。

　こうして現在では、多くの企業が何らかの形で行動規範を明文化するに至っている。

②内部統制やコンプライアンスにおける行動基準

　社会的な拘束力という点で行動規範の制定に向けて最も強く企業を動かしたのは、内部統制の体制構築だろう。ただし、内部統制で求める「業務の適正」とは、法令や会計基準、ガイドラインなどの「明文化された規則」を遵守した行動がとられることである。

　内部統制における行動規範の目的は、狭義のコンプライアンスにおける目的とかなりの部分で共通している。両者を統合し、「コンプライアンス行動基準」「マニュアル」「ガイドライン」などとして制定する例は少なくない。

　内部統制やコンプライアンスにおける行動基準は指示が明確で、主体的な問いや判断は必要とされない傾向がある。むしろ、だからこそ詳細な規定やマニュアル類を整備し、従業員の行動が逸脱しないよう管理することが必要になる。

③企業倫理における倫理綱領

　倫理綱領は、人々の問いを引き出し、考え、判断する際のよりどころとなるものである。自社では何を大切にして行動するか、判断に迷ったら何を優先するかといった組織の価値観を「原則」として表したものである。

　この原則の中には法令遵守も含まれる。ただし、組織の価値観は企業によって異なるものである。倫理綱領の策定においては、一般的なものを模倣するのではなく、「自社が大切にするものは何か」を真摯に問う作業が重要になる。

④CSRにおける行動憲章と倫理綱領

　CSRでは、環境を含めたステークホルダーとのかかわりや責任が重視されるため、その規範もおのずとステークホルダーを意識した

構成や内容になる。また、個人の行動よりも企業活動を主な対象とするため、「基準」というよりは「CSR憲章」などの名称が用いられることが多い。

企業倫理においても、ステークホルダーへの配慮は重要な要素である。CSRにおける行動憲章と企業倫理における綱領は、互いに重なり合う部分を見つけながら、できれば統合していくことが現場の混乱を少なくする方法と思われる。

3. 学習機会の創出―人と組織に変化を引き起こす

企業倫理を推進するには、組織体制を固め倫理綱領を策定することが必要だが、その目的は人と組織が倫理的な判断や行動をとれるようになることである。このように人と組織を変化させていくための最も直接的な働きかけが、教育・研修を中心とした学習の機会を設けることである。

学習は必ずしも、教育・研修のみでなされるものではない。日々の対話や経験においても私たちは何かを学び、行動を変化させている。倫理綱領の策定過程や施策を展開する経験そのものから、関係者は多くを考え、そして学び得る。

もちろん、副次的な効果としてではなく、学習そのものを目的とした教育・研修の機会を意図的に設けるのは意味のあることである。その場合は、学習内容や対象者に応じてより効果的な方法を選び、ねらいを明確にした上でカリキュラムを設計することが必要になる。こうした点については、本章第3節であらためて検討する。

4. チェック機能の確立―問題を発見し、解決につなげる

(1) 企業倫理における問題発見の難しさ

　現場の問題状況を把握するために、推進リーダーに窓口機能を託すのは意味がある。しかし、企業組織における倫理・コンプライアンス上の問題は、「組織への忠誠心か、自己の良心か」という葛藤を招きやすい[4]。

　企業倫理上の問題の特徴は、問題に気づいている当事者にとって「組織の不正を明らかにすることが組織への忠誠に反する場合があること」「声をあげることが組織内で歓迎されるとは限らず、逆に報復を受けかねないこと」である。問題が深刻であればあるほど、この傾向は強まると言ってよい。

　もし、組織の行動に倫理的な問題を感じているメンバーがいたら、その問題意識を現場が受け止め、自ら解決しようと努力することは必要である。企業倫理の推進は、こうした状態を実現するためのものでもある。

　しかし組織が、時に偏った価値観に支配され、社会的責任に反する行為を集団として起こし得るという事実を省みれば、職場からは独立して、匿名性を確保しつつ、不正の情報や組織の現状を把握することも必要になる。

　その方策は主に2つある。1つは相談や通報を受け付ける窓口を機能させること、もう1つは、監査や調査などのチェックの仕組みを構築し、潜在的な問題状況を把握できるようにすることである。

（2）相談窓口を機能させる

　2006年に施行された公益通報者保護法をきっかけに、内部通報に関する仕組みの整備は格段に進んだと言われている。

　相談窓口には、①担当部門に設置し、直接相談を受け付ける方法、②外部の第三者に委託する方法、③両者を併存させる方法がある。

　相談窓口を外部に委託する方法は、匿名性を確保する姿勢を明確に示すことになる。ただし、通報に基づいて調査と解決行動を起こすのは担当部門であることに変わりはない。

　また、受け付ける内容には「通報」と「相談」があることも区別しておきたい。「通報」は明確な違反を告発することであり、毅然とした対応が求められる。「相談」は倫理綱領に照らした疑問や悩みを投げかけることであり、ともに考えるカウンセリングの姿勢が必要になる。

　従業員に受け入れられ、機能する相談窓口にするには、匿名性を固く確保するとともに、通報や相談によってどのようなアクションがとられ、どのような実績があったかを周知するのが基本である。

　企業倫理の趣旨からすれば、通報も相談も少ないのが理想である。しかし、推進に取り組み始めた初期の段階においては、通報や相談がむしろ増えていることによって、施策の浸透度を推し量ることができる。特に「相談」が増えることは、問題意識の高まりを意味していると受け止めてよいだろう。通報や相談の内容と傾向を定期的にまとめ、次の施策に反映させていくことも大切な取り組みである。

（3）業務監査としての倫理監査

　事業活動やマネジメントの基本に、「PDCAサイクルを回す」と

いうことがある。監査や調査は、企業倫理の推進活動における「C（Check：チェック）」の機能である。組織の潜在的な問題を把握するためにも、実施した施策の効果を検証し、次の施策立案に向けての情報を収集するためにも重要な取り組みである。

　監査という仕組みはもともと、企業の会計や財務処理が諸規則に準じて適正になされているかを検証するものであった。最近では、内部統制に関する法整備に伴い、こうした「会計監査」の重要性が指摘されている。同時に、監査の領域を経営や業務そのものにまで広げた「業務監査」の考え方も注目されている。

　企業倫理における監査は、この業務監査の1つと言える。倫理監査[5]では、会計監査が会計諸規則を基準とするように、法規・法令を基準として、遵守されているか、違反や逸脱するリスクはないかをチェックするのが基本となる。さらに、組織の価値観の共有や行動への反映についても明らかにする必要がある。そして、これらの情報を総合して、業務監査の最終的な目的である「業務改善のための提言」まで行うのが望ましい。

(4) 実態を把握する調査

　企業倫理においては、状況や事象という顕在化しているものだけではなく、倫理への意識や組織風土といった「形になっていないもの」を把握することも必要である。そのためには、書面などを用いた調査を実施して、組織の現状や実態とその原因を明らかにしていくのが望ましい。

　調査を実施する過程を整理すると、図表3-2のようになる。以降、この各プロセスについて見ていこう。

■ 図表3-2　調査を実施する過程

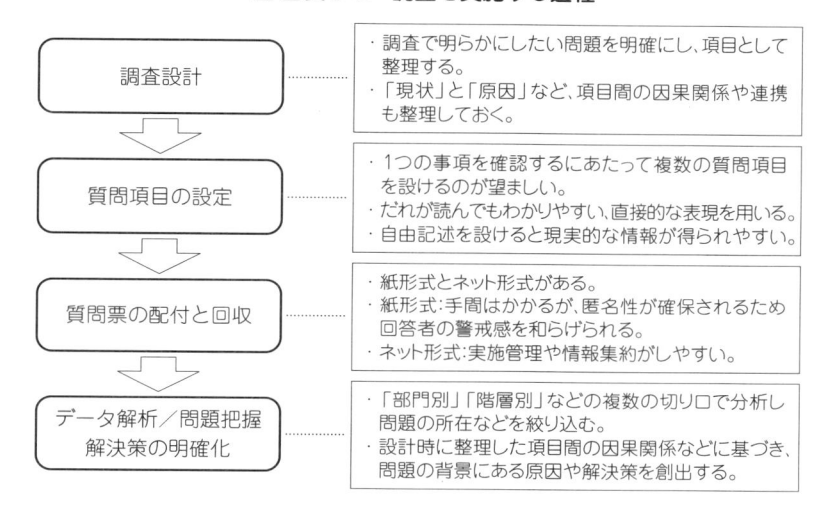

```
┌─────────────┐    ・調査で明らかにしたい問題を明確にし、項目として
│  調査設計    │……… 　整理する。
└─────────────┘    ・「現状」と「原因」など、項目間の因果関係や連携
       ▽             も整理しておく。
┌─────────────┐    ・1つの事項を確認するにあたって複数の質問項目
│ 質問項目の設定 │……… 　を設けるのが望ましい。
└─────────────┘    ・だれが読んでもわかりやすい、直接的な表現を用いる。
       ▽           ・自由記述を設けると現実的な情報が得られやすい。
┌─────────────┐    ・紙形式とネット形式がある。
│ 質問票の配付と回収 │……… ・紙形式:手間はかかるが、匿名性が確保されるため
└─────────────┘      回答者の警戒感を和らげられる。
       ▽           ・ネット形式:実施管理や情報集約がしやすい。
┌─────────────┐    ・「部門別」「階層別」などの複数の切り口で分析し
│データ解析／問題把握│……… 　問題の所在などを絞り込む。
│解決策の明確化  │    ・設計時に整理した項目間の因果関係などに基づき、
└─────────────┘      問題の背景にある原因や解決策を創出する。
```

①調査設計

　調査を実施するにあたっては、質問項目を考える前に調査で明らかにしたい問題は何かを明確にし、整理することが大切である。

　企業倫理の調査では、次のような点に焦点を当てる。

> a．社会の規範に準じた業務設計や行動ができているか
> b．自社の価値観に準じた判断や行動ができているか
> c．従業員個人は、倫理的な意識をもっているか
> d．組織や職場は、倫理的な風土となっているか

　a.とb.は、表面化している現状や問題を把握するためのもので、a.は法規・法令、b.は倫理綱領や行動規範に準拠するのがよいだろう。b.については、ステークホルダーごとにとられている行動も把握しておきたい。自社の倫理綱領や行動規範がステークホルダー別の原

則や基準で構成されていれば、調査内容にも反映しやすい。

　c.と d.は、表面化している現状や問題の背景にある「原因や理由」を明らかにするためのものである。「Aという行動ができている・できていない」という状況の背景には、何らかの原因が存在する。課題形成や解決策を考えるには、現状はもちろんだが、原因を把握することの方が重要である。

　たとえば、「お客様に対して虚偽の説明をしがちである」という問題が明らかになったとき、その原因が「少々のウソはついてもかまわない」という個人の意識にあるのか、「上司から売上への強い圧力がある」からか、「少々誇張した説明をしてもよいという意識が職場内にある」かによって解決策は変わってくるだろう。

　したがって、原因を把握するためには、関連すると思われる複数項目の因果関係を設定した上で質問項目を考える必要がある。また、上の例のように、組織の倫理的な意思決定と行動には、個人の倫理的要因と組織の倫理的要因とがそれぞれ作用しているので、両者を区別して考えておきたい。

　有益な調査を行うためには、具体的な質問項目を考える前に、「現状」を把握する目的の項目と「原因」を明らかにする目的の項目に大別し、項目間の関連を整理しておくことが必要である。

②質問項目の設定

　質問項目を作成する際には、1つの事項を確認するために複数の質問項目を設けるのが望ましい。また、質問項目の表現は、だれが読んでもわかりやすく、他の意味には解釈できないように作ることが必要である。そのためには、できるだけ直接的な表現を用いるのがよい。

　ただし、「あなたは不正をしていますか」というような質問に対

して、本当に不正をしている人が「はい」と回答することはほぼないと思われる。このような場合には、「不正をしている人を見たことがありますか」のような間接的な表現を用いざるを得ない。

　回答は、選択肢を用意して丸やチェックを付けてもらう形式が望ましい。その際、多くの質問で共通の選択肢（たとえば、あてはまる・ややあてはまる・ややあてはまらない・あてはまらない　など）を用いることができれば、多少質問項目数が増えても回答者の負担感を減らすことができる。

　選択肢を用意せずに回答者に自由に記述してもらう「自由記述」形式は、現実的な問題が浮き彫りにされることもあるため、1、2か所は設けておきたい。

■ 図表3-3　質問項目の例

【設問2】あなたの職場について
あなたの職場についてお伺いします。 次の20の質問について、もっともあてはまる選択肢の番号に1つだけ○をつけてください。

		あてはまらない	ややあてはまらない	ややあてはまる	あてはまる
1	私の職場では、職場のあるべき姿や業務上の責任が、明確な形で示されている	1	2	3	4
2	私の職場では、過去の慣例を守ることが、何よりも重視されている	1	2	3	4
3	私の職場では、会議では内容そのものではなく、だれの発言か・だれの意見であるかによって、賛成・反対が決まることが多い	1	2	3	4
︙					
19	私の職場では、機密情報や個人情報の取り扱いに関する方針が、日常業務の中で徹底されている	1	2	3	4
20	私の職場では、メンバー同士が公式に情報を共有する機会が設けられている	1	2	3	4

③質問票の配布と回収

質問票の配布と回収には、紙とネットの2つの形式がある。

紙形式は、配布と回収、解析にあたっての入力の手間はかかるが、パソコンの接続環境がなくても、あらゆる構成員を対象に実施できる。また、封筒を準備し、各自密封して提出する形式をとれば、匿名性が確保される。

ネット形式はイントラネットやウェブなどを活用するもので、回答者の負担感は少ない。システムを組む手間はあるが、配布と回収の負荷は軽く、回答状況も把握しやすい。あらためてデータを入力する工程も省ける。しかしネット形式は、「情報管理者を通じて回答内容がわかるのではないか」という疑念をもたれる可能性がある。

紙とネットには互いに利点と難点があるが、企業倫理の調査に関しては、匿名性確保のために紙を用いることが多いようである。

④データの解析、問題把握と解決策の明確化

質問票を回収し、データとしてまとめる際には、全社的な集計のほかに、「部門別」「階層別」などの切り口を設けて分析しておくと、問題の所在や対策を講じるべき対象が絞り込みやすくなる。

データが集計されたら、その数字の意味を読み込む必要がある。ここで最初に設計した因果関係が意味をもってくる。優先して対処すべき問題は何か、それを引き起こしている原因はどこにあるのか。両者の間を行き来することにより、本来の目的である「解決策の方向性」が見えてくるのである。

第2節 倫理綱領を策定し、周知する

　本節では、企業倫理の推進施策のうち、倫理綱領の策定について考える。さらに、これをきっかけとした企業倫理の周知についても見ていく。

1. 倫理綱領の策定

(1) 策定にあたっての2つの軸

　倫理綱領は組織の価値観に基づくものであるが、具体的に策定していくにあたっては、「経営理念」と「ステークホルダー」の2つを軸にして内容を検討することが望まれる。

①経営理念
　組織の価値観の源として重要なものの1つに「経営理念」がある。
　私たちは、企業に入社するとき、あるいは入社してから、「個人と組織の関係」に直面する。そうしたとき、自らの価値観と組織の価値観との間に折り合いをつけるために、経営理念や社是・社訓、信条、志といったものに共感できるかどうかが重要になる。これらは「私たちは社会の一員として、どのような責任を果たすために存在するのか」という創業の意志を端的に示すものだからである。
　こういった意味をもつ経営理念は、倫理綱領の策定においても重要な指針となる。

②ステークホルダー

　ただし、自らの理念にさえ則っていれば、社会の一員として十分かというと、そうではない。社会に対して、具体的には社会を構成するステークホルダーに対して「責任」ある行動とは、実際にどうすることなのかを考えておく必要がある。

　ステークホルダーへの責任もまた、倫理綱領に反映させることが必要である。

(2) 策定の過程を共有の場にする

　このように倫理綱領を策定する過程では、経営理念に象徴される組織の価値観と向き合い、自社にかかわりのあるステークホルダーへの責任を検討していくことになる。こうした検討をしていく過程そのものが、人や組織にさまざまな"気づき"を与え、貴重な学習の場となる。

　最近では倫理綱領を考える際の参考情報も増え、各社の倫理綱領も多く公開されるようになってきた。外部の情報を活用しながら担当部門だけで文言を定めていけば、比較的早く素案が作成され、委員会や経営層の承認を得るというステップに進めるかもしれない。しかし、倫理綱領の策定にあたっては、若干時間がかかっても、できるだけ多くの社内関係者を巻き込んで進めるのが望ましい。

　多くの意見と向き合い、取捨選択して取りまとめるのは時間も労力もかかる。しかし、従業員自身にとっては、素案の段階で検討の一翼を担うことで、企業倫理への当事者意識と共感性が高まり、かつ、ステークホルダーへの視点も養われる。倫理綱領を定めてから組織の価値観を共有するのではなく、策定の過程自体を、個人と組織の価値観を問い共有する機会にする発想である。

できれば、何らかの形で全従業員を参画させるのが望ましい。最低限、推進リーダーや現場のマネジャーには業務の一環として、倫理綱領の策定や定期的な見直しに関与するよう、仕組みを整えるのが効果的だろう。

(3) 倫理綱領の策定過程

こうした点をふまえ、倫理綱領の策定過程を整理すると図表3-4のようになる。以下、このプロセスに沿って段階ごとの取り組み事項と留意点を見ていこう。

■ 図表3-4 倫理綱領の策定過程

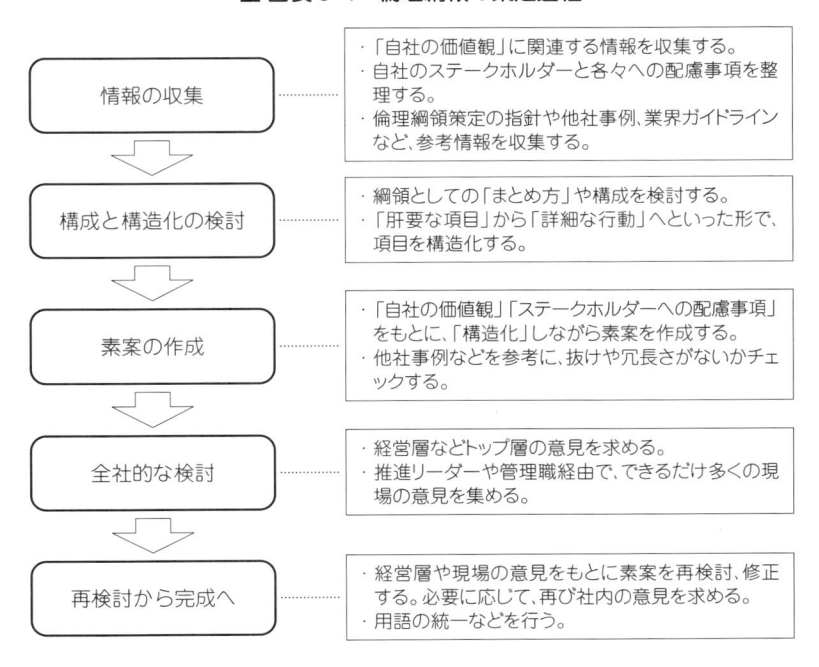

情報の収集	・「自社の価値観」に関連する情報を収集する。 ・自社のステークホルダーと各々への配慮事項を整理する。 ・倫理綱領策定の指針や他社事例、業界ガイドラインなど、参考情報を収集する。
構成と構造化の検討	・綱領としての「まとめ方」や構成を検討する。 ・「肝要な項目」から「詳細な行動」へといった形で、項目を構造化する。
素案の作成	・「自社の価値観」「ステークホルダーへの配慮事項」をもとに、「構造化」しながら素案を作成する。 ・他社事例などを参考に、抜けや冗長さがないかチェックする。
全社的な検討	・経営層などトップ層の意見を求める。 ・推進リーダーや管理職経由で、できるだけ多くの現場の意見を集める。
再検討から完成へ	・経営層や現場の意見をもとに素案を再検討、修正する。必要に応じて、再び社内の意見を求める。 ・用語の統一などを行う。

①情報の収集
a.「自社の価値観」に関連する情報を収集する

　経営理念、経営者のメッセージ、社史、必要があれば経営層へのインタビューなどを実施して、「当社は何を大切にして事業活動を行うか」に関する情報を集める。

b．自社のステークホルダーと各々への配慮事項を整理する

　自社の事業活動が影響を与えるステークホルダーを明確にする。さらに、関連法規や業界のガイドラインなども考慮しながら、ステークホルダー各々に対する配慮事項やとるべき行動を整理する。

c．倫理綱領策定の指針や他社事例など、参考情報を収集する

　日本企業に共通する指針としては、（社）日本経団連の「企業行動憲章—社会の信頼と共感を得るために—」（2004年改定）などがある。また、最近では多くの企業が倫理綱領や行動指針を公表している。この情報はホームページやCSR報告書などで集めることができる。

②構成と構造化の検討

　倫理綱領には決まった形式はないので、自社の組織風土に合う構成や表現方法をとればよい。ただし、以下のような事項には考慮して、完成イメージを描いておくと作業しやすい。

a．構成の検討

　倫理綱領の構成を考えるにあたっては、①のc.で情報収集した他社事例などが大いに参考になるだろう。ただし、ここで参考とするのは「構成の形式」すなわち「まとめ方」であって、内容そのものとは異なることに留意したい。

b．構造化の検討

　構造化にあたっては、多くの項目を並列的に列挙するよりも、グ

ルーピングする方がわかりやすい。たとえば「最も肝要な原則（数ヵ条程度）」「それを具体化した規範」「より詳細な行動」という形で構造化する方が従業員に理解され、実際に応用しやすいものとなる。特に「最も肝要な原則」は、だれもが暗記できるぐらいに、簡潔で、なるべく少ない項目にするのが望ましい。オーソドックスな方法としては、主なステークホルダーごとに項目を立てるやり方もある。

③素案の作成

先の①で情報収集した「自社の価値観」「ステークホルダーへの配慮事項」という素材をもとに、②の構成・構造化による「完成イメージ」に基づいて素案を作成していく。素案作成の過程では、組織の価値観の再確認をしたり、情報が不足していることがわかったり、構造化の再検討が必要になるかもしれない。しかし、他社事例を流用するのではなく、あくまで「自社らしさ」を追求するタフな姿勢が必要である。

その上で、情報収集した一般的な規範や他社事例に照らして、抜けや冗長さがないかを検証したい。

また、事業部門ごとの指針が必要なこともあるだろう。その場合、根本的な原則は組織内共通の倫理綱領で、事業部門ごとの指針は、行動基準や行動指針に委ねる方法もある。

④全社的な検討

③のような議論は、推進リーダーや、できれば企業倫理担当役員を交えたプロジェクト形式で進めるのが望ましい。そして、完成した「素案」について、経営層はもちろん、できるだけ多くの従業員の意見を求める機会を設定したい。

推進リーダーが管理職であれば、各職場に持ち帰り、意見を取りまとめてもらうなどの方法があるだろう。意見を聞くためには、倫理綱領の意味や役割、なぜこのような素案になったのかについて推進リーダーが説明する必要がある。この説明が、企業倫理への理解を深めるかけがえのない学習機会となる。そして、「素案」に対する意見交換を通じて、多くの社員が「組織の価値観」と向き合い、互いの考え方の共通点と相違点を見いだしていくことになる。

⑤再検討から完成へ
　全社的に広く意見を集めるほど、その収集と取捨選択の作業に負荷はかかる。意見は玉石混交であろうし、思いがけない問題が指摘されることも覚悟しておかなければならない。場合によっては「素案」を作成し直し、再度、全社的な検討にかけることもあるだろう。
　そして、ある程度文言が確定した段階で、用語の統一や、法令や業界のガイドラインによる再検証が必要になる場合もある。
　このような過程を経ると、倫理綱領の策定には１年程度かかる。また、策定後も数年に一度くらいは見直しの機会を設け、法改正はもちろん組織の価値観を定期的に問い、反映させる機会を設けたい。

(4)「誓約書」について

　倫理綱領や行動規範を制定した場合、遵守の誓約書や署名の提出を求める方法がある。アメリカなどでは「サイン」には重要な意味があり、契約が人々の行動を制御する文化がある。
　日本においてもこの方式を取り入れ、「倫理綱領の遵守」に関する誓約書の提出を求める事例もある。ただし、企業文化によっては、「サインにより遵守の義務が発生した」ことを前面に出すよりも、

「組織の一員として遵守する」ことについてミーティングなどの場で合意を得る方が、より心理的に受け入れられやすく、結果として実効性をもつ場合もある。

応用的な方法としては、倫理綱領に基づいて従業員各自が「自分が最も大切にする原則」を考え、記述するやり方もある。

2. 効果的な周知のために

(1) 柔軟な発想でツール化し、情報発信する

倫理綱領をより効果的に、従業員の身近なものにしていくには、「形あるもの」としてツール化し、さまざまな方法で情報発信するのが望ましい。具体的には、次のようなものがある。

①冊子化する

経営理念、倫理綱領、さらに具体化した行動基準や社内規程までを冊子としてまとめる。

内容面では、後の教育・研修での教材も兼ねることを意図して、倫理綱領の原則ごとの解説(なぜ、この原則が重要かという理由)、具体的な行動例、関連法規や社内規程へのリンク、Q&Aなどを載せる方法がある。ただし、基本的には「簡潔なほどよい」を旨としたい。

表現面では、社内文書というよりはインナーコミュニケーションツールとして、自社のブランドカラーを用いたり、イラストなどを入れてイメージしやすくするなど、親しめる工夫をしたい。

②**携帯ツール化する**

　従業員各自が常に携行できるよう、カードにする、社員手帳に印刷または挟み込む、社員証ホルダーに入れる、といった方法がある。この場合は、「最も肝要な原則」のみにするなど、情報量をあえて限定する。

③**社内に掲示する**

　ポスターにする、額に入れる、イントラネットに載せるなど社内に掲示する。会議室に掲示すれば、取引先などに自社の姿勢を表明することにもなる。

④**社外に表明する**

　自社のホームページやCSR報告書などに載せるといった社外への表明を通じて、社内の従業員に周知する方法である。

　倫理綱領は、社会の一員としての組織の行動原則を表したものであり、機密情報として扱うよりも積極的に公開することが求められる。公表することで従業員の意識を高め、社会からの信頼を得ることにもつながる。自社の倫理綱領を策定した際に他社の事例が役立ったように、自社の事例も公開することが、情報を求める他企業を助けることにもなる。

⑤**その他のツール化**

　倫理綱領をツール化する目的は、日々の業務活動における「問い、考え、理由づけ、判断する」よりどころとして活用させることにある。こうしたツールとしては、ほかにもさまざまなアイデアがあるだろう。事務用品や業務用品に印刷するなど、柔軟な発想で継続的な情報発信を行いたい。

(2) 情報発信のタイミング

　倫理綱領の策定は、企業倫理の推進の初期段階に行われることが多い。倫理綱領の策定までを準備期間とし、その公表や施行時をもって正式に企業倫理の推進開始とする場合もある。
　こうした企業倫理の導入時や推進活動の途中で、継続的かつ効果的な情報発信を行うことは非常に重要である。

①導入時・入社時の情報発信

　企業倫理の導入時や、新卒あるいは中途採用などで「組織の一員」を迎える入社時には、対象者に倫理綱領を渡し、自社ではこれに基づいた判断や行動が求められることを明確に伝える必要がある。ここでは、具体的な規範の説明にふみ込むことは必ずしも必要ではない。その前に、「価値観に基づく問い、判断、行動の重要性」をメッセージとして印象づけることが大切である。
　その際の効果的なメディアの1つに、映像ツールがあげられる。映像ツールは人々に強い印象を残し、企業倫理の大切さを意識づける力がある。その力を生かして発信したい情報としては、次のようなものがある。
・経営トップの肉声によるメッセージ
・先輩社員からの「価値観に基づく行動の大切さ」へのコメント
・経営理念について
・倫理綱領の構造と概要
　映像ツールのほかには、第2章で述べた「ブランドブック」などのツールも活用したい。導入時・入社時の情報発信では、「日々の判断や行動において、自社にはよりどころとなる原則がある」ことを理解することが大切である。

②**継続的な情報発信**

　企業倫理の推進は継続的な活動である。倫理綱領の策定時だけではなく、継続的な情報発信を行っていきたい。

　そのためにはまず、社内報を活用するのが自然であろう。連載のような形でスペースを確保できれば理想的である。

　また、企業倫理の推進について、担当部門から定期的に情報発信する方法もある。イントラネットへの情報掲載や1枚の印刷物でもよい。そこでは、倫理綱領や行動規範の項目ごとの事例紹介などとともに、現場との「双方向の情報発信」を企画したい。たとえば、部門ごとに推進事例をインタビューする、相談や質問の多い事項を取り上げるなど、切り口はいろいろある。

　企業倫理においては、意図的な学習の機会を継続的に設定することが大切であるが、それを補完する意味で、「親しみやすさ」を第一とした情報発信と周知の施策を、自社の状況に合わせて柔軟に発想することが担当部門に求められている。

第3節 教育・研修施策を設計し、実施する

1. 教育・研修施策の設計

(1) 対象者とねらいを明確にする

　教育・研修プログラムを設計する際には、「だれに」「どのような変化を」起こしたいのか、学習の対象者とねらいを明確にする。
　「だれに」とは、企業組織においては主に、学習者の階層を絞り込むことが多い。新入社員、中堅社員、管理職、経営層といった階層によって、期待される職能も日々の問題意識や意思決定のレベルも異なる。学習者の共感があってはじめて学習内容は意味をもつので、対象者はなるべく明確にしておくことが望ましい。

(2) 教育・研修に求められる事項

　企業倫理を推進するための教育・研修に求められる事項としては、次のようなものがある。

①組織の価値観の共有

　組織の価値観を形にしたものとして倫理綱領があるが、配布しただけでは共有や浸透はされにくい。倫理綱領を媒介に、従業員一人ひとりが組織の価値観を理解し、自らの価値観と折り合いをつける場が必要である。これは個人での学習と同時に、組織としての学習も兼ねることになる。

②倫理的な思考の訓練

倫理綱領をはじめとする倫理の原則は抽象度が高い。そこで、現実の場面で適用するには、原則を活用して行動に結びつける思考の仕方をある程度訓練しておく必要がある。それは、原則を応用して「問い、考え、理由づけ、判断する」思考を習慣として身につけることである。

こうした思考の習慣を身につける教育・研修としては、対面状況での学習の場を設け、対話の中で原則を活用して倫理的な思考を行うトレーニングが効果的である。

③規則を知る学習

企業倫理の実践では、原則の応用だけではなく、法令や規則についての具体的な知識を理解し、現実の場面に適用できることも必要である。

知識の習得を主な目的とした場合は、個人による学習が現実的である。具体的には、業務上必要な関連法規に関する本を読む、通信研修による学習と指導を受ける、e-Learningで理解の度合いに応じた学習を進める、などの方法がある。

2. 対象者別の教育・研修のポイント

前述のような教育・研修の事項は共通のものであるが、具体的に内容を検討し実施する際には、対象者によって学習のねらいを明確にし、それに対応したプログラムを設計することが必要になる。

（1）経営トップ層への教育・研修

経営トップ層に対する教育・研修は、次のような点が主なねらいとなる。

①企業倫理に関する潮流と経営における意義を理解する。
②経営判断時における倫理的な意思決定のあり方を体得する。
③企業倫理の実現に必要な組織運営のあり方と経営者の役割と責務を理解する。

経営トップ層は研修のための時間をまとめてとることが難しく、会議の前後などに2、3時間程度の時間を設けるのが現実的である。年に1、2回程度であっても、図表3-5のようなプログラムを継続して実施し、認識と行動への働きかけを続けることが大切である。

■ 図表3-5　経営層を対象とした経営倫理研修プログラムの例

セッション	詳細	時間の目安
セッション1：経営における倫理・コンプライアンスの重要性	●企業経営における倫理・コンプライアンスとは ・経営倫理とは何か ・日本企業の取り組みの実情と課題 ・近年の企業不祥事の背景にあるもの ・欧州・米国それぞれの潮流とCSR ・今後の経営に期待されるものとは	60分
セッション2：経営判断における倫理的意思決定	●ケースメソッドによる倫理的意思決定の理解 ・経営判断にかかわるケース ・個人読解〜グループディスカッション ・全体発表と討議 ・まとめ ・質疑応答	90〜120分

（2）部門長・管理職層への教育・研修

部門長や管理職層は現場のマネジメントの担い手として、自らの

倫理的な意思決定とともに、倫理的な組織づくりへの理解と実践が求められる。こうした層への教育・研修のねらいは、次のようなものとなるだろう。

①マネジメントにおける企業倫理の必要性と基本事項を理解する。
②管理職として倫理的な意思決定ができるよう、原則を用いた思考方法を訓練し体得する。
③倫理的な職場づくりのためのマネジメント課題の形成と目標設定。

こうしたねらいを実現するための研修プログラムの一例を示すと、図表3-6のようになる。

■ 図表3-6　部門長・管理職を対象とした教育・研修プログラムの例

セッション	詳細		時間の目安
セッション1：企業倫理・コンプライアンスの必要性	●社会的存在としての企業 ・社会における企業の存在の変化 ・企業倫理はビジネスになぜ必要か ●「倫理」の目的と役割 ・「倫理的である」とは	●企業倫理とコンプライアンス ・コンプライアンスと企業倫理の関係 ●CSR・ステークホルダー ・「CSR」と企業の社会的責任 ●当社の倫理綱領・行動基準について	60分
セッション2：職場における問題状況の確認	●問題状況を把握する ・問題状況とは ・倫理綱領・行動基準と照らして考える	●自職場の問題状況の確認（ワーク） （全体発表）	90分
セッション3：ケースメソッドによる倫理的意思決定	●倫理的意思決定の概要 ●ケースメソッドとは	●ケース学習（2本程度） ・個人学習 ・グループ討議 ・全体討議	180〜240分
セッション4：今後のマネジメント活動に向けて	●企業倫理にかかわるマネジメント目標設定		60分

(3) 推進リーダーへの教育・研修

　企業倫理の推進リーダーには、管理職が任命される場合と中堅リーダークラスが任命される場合とがある

　管理職の場合は、前出のような管理職としての教育・研修を実施することが前提となる。さらに推進リーダーの役割としては、企業倫理によって何をめざすのかをよく理解し、職場メンバーに説明して影響を与えること、そのきっかけとしてケースによる討議を応用した「職場勉強会」などの学習機会を運営できるようになること、などがあげられる。

■ 図表3-7　推進リーダーを対象とした教育・研修プログラムの例

セッション	詳細	時間の目安
セッション1： 自社にとっての企業倫理と「行動規範」の理解	●自社にとっての企業倫理と「行動規範」 ・自社が大切にする「価値」、企業倫理の取り組み ・「倫理綱領」「行動規範」への理解 ●推進リーダーへの期待	20分
セッション2： 企業倫理・コンプライアンスの基本	●ビジネスにおける倫理の役割 ・社会における企業の存在の変化 ・企業倫理はビジネスになぜ必要か ・「倫理的である」とは ●CSR・ステークホルダー ・「CSR」と企業の社会的責任	40分
セッション3： ケース学習の体感と倫理的な意思決定の確認	●ケース学習の体感 ・受講者の立場で、ケース学習を体感する ・自らの「意思決定」のあり方についても振り返る	80分
セッション4： ケースディスカッション演習	●ケースディスカッションのポイント ・メンバーへの働きかけ ・ケース演習に求められるスキル ●グループ演習 ・ディスカッションリードに関する演習	120分

このような役割が期待される推進リーダーを対象とした教育・研修のねらいは、次のようになる。
　①企業倫理の重要性を再認識し、日々の判断と行動における倫理綱領の意味と内容を理解する。
　②ケースによる討議を体感し、職場勉強会における議論の意味を理解する。
　③ケースによる議論を進行する際のポイントを理解し、演習によりスキルとして習得する。

　こうしたねらいを実現するための研修プログラムの一例を示すと、図表3-7のようになる。

(4) 一般社員や準社員・契約社員への教育・研修

　企業倫理のための教育・研修施策の実施にあたって、最も人数の多い階層が一般社員や準社員・契約社員層である。
　こうした階層に対しては、担当部門や講師が直接、教育・研修を実施するのは現実的でない。そのため、講師役としての推進リーダーを養成することとなり、前出のような教育・研修プログラムを実施する必要が生じる。
　ただし、職場勉強会などの「対話による学習」は、必ずしも頻繁に実施できない場合もある。そうした場合は、倫理綱領をより平易に解説した自社独自のケース集を作成して配布する方法もある。ケースはマンガにしたり、ミニドラマにしたり、e-Learningの形式にしてもよいだろう。

(5) 新入社員への教育・研修

新入社員に対する教育・研修においては、「社会人として仕事をする意味」「社会の一員としての企業、そして社会人としての自分」といった内容のプログラムを設けたい。こうしたテーマについて考え、気づきを得ることが、配属後、実務に必要な法的知識を得ようとし、遵守しようとする意識の源となる。

注釈

(1) 企業倫理の推進施策について、中村瑞穂は「企業倫理の制度化」の主な構成要素として、次の7つをあげている。
①倫理綱領または行動憲章の制定・遵守
②倫理教育・訓練体系の設定・実施
③倫理関係相談への即時対応体制の整備
④問題告発の内部受容と解決保証のための制度制定
⑤企業倫理担当常設機関の設置とそれによる調査・研究、立案、実施、点検、評価の遂行
⑥企業倫理担当専任役員の選任とそれによる関連業務の統括ならびに対外教育の推進
⑦その他、各種有効手段の活用（倫理監査、外部規格機関による認証の取得、等々）
企業倫理研究グループ『日本の企業倫理』白桃書房（2007）p.166-169
中村瑞穂『"企業と社会"の理論と企業倫理』『明大商学論叢』第77巻第1号

(2) （社）日本経済団体連合会が2007年10月～11月に会員企業を対象に実施した調査によれば、回答した593社のうち「横断的な推進機関（委員会等）」を設置している企業は494社（83.3％）であった。
（社）日本経済団体連合会 企業行動委員会『企業倫理への取組みに関するアンケート調査結果』2008年2月19日

(3) 前掲（2）『企業倫理への取組みに関するアンケート調査結果』によれば、「行動憲章」等を制定している企業は、有効回答社数のうち、2003年79.1％、2005年83.0％、2007年は97.8％となっている。
(4) こうした特徴は、近年の日本における企業不祥事の発覚の経緯と、その告発者の苦悩や企業での扱いによっても検証できる。内部告発に関する考察と従業員自身の葛藤については、次に詳しい。
D. スチュアート著、企業倫理研究グループ訳『企業倫理』白桃書房（2001）p.217-237
(5) 貫井陵雄は、企業倫理における監査を「倫理監査Ⅰ（経営監査の一環として遵守度や企業活動を評価する）」「倫理監査Ⅱ（経営理念や価値観の浸透・反映の度合いを評価する）」「倫理監査Ⅲ（ステークホルダーなどの第三者から社会的業績を評価する）」の3つに分類し、詳細に論じている。
貫井陵雄『企業経営と倫理監査』同文舘出版（2002）

参考文献

- 日本経営倫理学会監修、水谷雅一編著『経営倫理』同文舘出版（2003）
- 日本経営倫理学会編『経営倫理用語辞典』白桃書房（2008）
- 企業倫理研究グループ『日本の企業倫理』白桃書房（2007）
- D. スチュアート著、企業倫理研究グループ訳『企業倫理』白桃書房（2001）
- 中谷常二編著『ビジネス倫理学』晃洋書房（2007）
- 貫井陵雄『企業経営と倫理監査』同文舘出版（2002）
- 田中宏司『コンプライアンス経営』生産性出版（2005）

第 4 章

倫理的な判断を
実践するために

第1節 倫理的な判断の獲得プロセスを探る

　私たちは日常生活や仕事の場面で、さまざまな判断を絶え間なく行いながら活動している。日常の些細なことでさえ、判断が伴わないことはないだろう。私たちが瞬時に何かを判断し、行動できるようになったのは、過去からの脈々とした経験の積み重ねによるところが大きい。

　ここでは、私たちの倫理的な判断に関連する経験を振り返ることで、倫理的な判断や行動に影響を与える要因にはどのようなものがあるかを探ってみたい。ただし、判断は絶え間なく行われていることから、日常活動の中でその影響要因について意識することは少ない。もし私たちが倫理的な判断を継続的に行っていこうとするならば、こうした要因を意識し探索することは、たいへん意義深い。

1. 成人への成長過程の中で

　成人に向かう成長過程の中で、私たちはどのような経験を積み重ねてきたのだろうか。一部分ではあるが、見ていくことにしよう。

（1）親が提供する判断のよりどころ

　乳児は自らの欲求を満たすために、泣いて意思表示をする。意思表示をすることで、おなかがすいた、眠い、お尻がぬれて気持ちが悪いといった状態を伝えることができる。意思表示をした結果、そ

●第4章● 倫理的な判断を実践するために

の不快な状態を解消することに成功する。また、母親と一緒にいたい、離れないで近くにいてほしい、寂しいといったことも泣いて意思表示をする。

　乳児にとって、食欲や睡眠欲などの生理的欲求が満たされることが善いことであり、欲求が満たされず不快な状態が続くことは善くないことである。

　乳児の行動範囲が広がると、親からの禁止令が頻繁に出されるようになる。それでも、乳児は「あれに触りたい、これを確かめたい」という欲求を押しとどめることはできないが、親からは行動を制限される。乳児はその行動が適切であったのか、適切でなかったのか、親が判断したことをよりどころとして経験を積み重ねていく。

　この時期の乳児の判断のよりどころは、自分の内側にあるわけではなく、あくまでも親の側にある。

（2）親や先生の賞罰に従う

　幼稚園に入るころになると、「友達が使っているおもちゃをとってはいけない」「友達をたたいてはいけない」など、「いけない」と言われたことと自分の行為がはっきりとつながりをもつようになる。

　親や先生は、「おもちゃを独り占めする」「おやつを分け与えない」といった利己的で非協力的な子供の行動を叱ったり、罰したりする。そして、「おもちゃを友達に貸す」「おやつを友達に分け与える」といった利他性や寛容さをもった行動をとったときにほめたり、承認したりする。

　子供は、こうした賞罰の経験を繰り返しながら、親や先生がもつ「していいこと」と「して悪いこと」といった判断のものさしに従うようになる。つまり子供は、自らの欲求と戦いながら親や先生の

91

権威に従い、その判断のものさしを受け入れていく。

　この段階では、外側にある基準の影響を受けながら、善・悪の判断の基準を自分の内側にもとうとしているのだ。

(3) 集団の中でどのように行動すべきか

①学校の中で

　小学校に入ると、集団の中での規則やルールについても意識せざるを得なくなる。子供は校則や集団のルールに従うことで、家庭とは違う学校という集団の中でどのように行動すべきかを学ぶ。

　先生は、ある行為について、してはいけない理由やそうすべき理由を、期待とともに子供に伝え、その行為がどのような結果をもたらすのかを指摘する。そのような指導を通して、集団の中で「どのように行動すべきか、なぜそうすべきか」を子供は学んでいくのである。

　ただし、「なぜそうすべきか」といった判断には至らず、「罰せられるから廊下を走らない」という判断にとどまる子供もいる。同じような場面や状況に直面したときに、ルールや期待に関する知識を適用できる子供もいれば、適用できない子供もいる。このように、子供によって判断のレベルはまちまちである。

②公共の場で

　子供は学校という集団の中だけでなく、公共の場でどのように行動すべきかについても学んでいく。他人に迷惑をかけないことは、集団の中で生きていく基本原則である。この基本原則をしっかり身につけるかどうかは、親のしつけによるところが大きい。

　親のしつけには、単純に「やってはダメ」という禁止令や体罰も

あるが、そうすることの理由を説明したり、相手の立場になって、相手に配慮して考えることの重要性を示唆したりする働きかけもある。また、子供が相手に配慮した行動をとることを強く期待し、そうした行動に向かおうとする子供を勇気づける働きかけも行われる。

さらに、子供が見ている前で高齢者や妊婦に席を譲るなど、他人を思いやったり気遣ったりする行動をとることによって、そうした状況で自分がどうすべきかを子供に体得させていく。口先だけではなく、実際に模範を示すことが重要である。子供は親の模範的な行動を見て、その行動を真似ることによって公共の場での振る舞い方を習得していく。

（4）相手の反応を予期する

子供は相手がどう感じようと、おかまいなしにきつい言葉を投げかけてしまうことがある。自分の感じたままを言葉にして、相手の心を傷つけてしまうのである。

それではうまくいかないと理解した子供は、自分の発言や行動によって相手はどう反応するのか、どこまでの言動が許されてどこからが許されないかを確かめるかのように、相手に働きかける。ときに相手を傷つけ、ときに自分が傷つけられながら、その許容範囲を探っていく。

一方、自分の発言や行動によって相手が喜んでくれたり、感謝されたりすることもある。こうした経験から、どのような場合に自分の言動が相手のプラスの反応を促進するかについても学んでいく。

そして相手が違えば、自分の言動に対する反応が異なることも経験する。相手がどのような反応を示すかを予期しつつ、相手の反応を確認しながら、自分の対応方法を修正していく。相手の反応を予

期する能力を培っていくことは、相手に配慮した言動や、相手がこうしてほしいと望む行動がとれるようになるための基盤づくりと言える。

(5) 友人関係の中で

　小学生の時期、子供はさまざまな友人と交流しながら、友人の行動の傾向や価値観を受け入れていく。

　だれに対しても社交的で、自分の感情を思いきり体で表現するような友人と遊ぶようになったとたんに、引っ込み思案な子供はその影響を受け、次第に社交的な傾向を見せるようになる。幼児が転んだときに、やさしく手を差し伸べる友人の対応を見た子供は、似たような状況に遭遇した際に、同じ対応をしやすくなる。どちらか一方が影響を与えるだけでなく、相互に影響を与え合うのである。

　ただし、この影響はプラス面だけではない。友人が利己的な行動をとったとき、その行為に対して叱るなどの罰が与えられないと、その影響を受けて利己的な行動を模倣する場合がある。

　また、子供はさまざまなタイプの友人と交流していく中で、自分の欲求や価値観がすべてそのまま通用するとは限らないことを知る。友人が自分とは異なる価値観や判断基準をもっているという認識は、他者とうまく付き合っていくための出発点となる。

(6) 上下関係の中で

　中学・高校になると、クラブ活動・部活動が活発に行われるようになる。クラブ活動・部活動では同級生との横の人間関係だけでなく、先輩・後輩といった縦の人間関係の中での振る舞い方を習得し

なければならない。

　その集団の中では年功序列があり、新入生は一番下の立場に置かれる。上下関係が厳しい場合には、先輩に対するあいさつや言葉遣い、接する態度についても徹底的に教え込まれる。同じ部に所属している仲間と群れをつくり、場を共有することで、服装や髪型などの容姿から言葉遣いまで似てくる。また、合宿などで寝食をともにして生活することで、その集団の価値観が反映された伝統やしきたりを継承していく。先輩の言動に従うことは絶対という価値観を受け入れさせられることもあり、こうした伝統も先輩から後輩へと脈々と引き継がれていく。

　私たちは、親や先生との関係をはじめとして、友人や先輩・後輩との関係、周囲の大人との関係の中で、さまざまな影響を受けながら、状況に応じて判断と行動を繰り返してきた。こうした経験から獲得したものには、社会の規範や倫理の原則のように、私たちが判断するときに共通の基盤として機能すると思われるものもある。一方で、個々人によって生活環境や経験が異なることから、私たちが判断するときの価値観や基準は他者と異なる場合がある。

　次に、成人としての社会的活動の中で、私たちはどのような影響を受けながら判断と行動を積み重ねてきたのか、振り返ってみよう。

2．成人としての社会的活動の中で

　社会人になると、私たちは社会や組織の一員として「とるべき行動は何か」を考えることが求められる。社会に与える影響力は学生時代よりも確実に拡大する。自らの日々の行動や仕事での判断が、

組織や社会に対して影響を与えることになる。

　私たちは、組織の中で新たな規則やルールを受け入れることを要請される。業種・業界によって、担当する業務によって、それぞれ遵守すべき法律やルールがある。そして、所属する組織によって、守るべきルールや行動規範、大切にしたい価値観が異なる。

　社会人として新しい組織の一員となるためには、こうした組織のルールや行動規範、組織の価値観を自分のものとして受け入れていくことが求められる。ここでは、私たちはどのような過程でそれらを受け入れてきたのか、また、どのように自らのもつ価値観や信念との折り合いをつけてきたのかを振り返ってみる。

（1）組織への所属意識を高める

　組織が行う式典や祭典への参加は、ほぼ強制的である。ただし、式典への参加は、すでに学校時代の入学式・卒業式などで経験しているため、こうした儀礼にはすぐになじむことができる。

　内定式や入社式などは、組織への所属意識を高める通過儀礼として行われるもので、入社式では、社歌や社訓・スローガンの唱和といった儀礼を経験することもある。また、組織によっては、配属してからも朝礼や終礼などの儀礼がある。こうした場を通じて「組織が何を大切に考えているのか」というメッセージが、暗黙的であれ明示的であれ、繰り返し伝えられる。また、新人歓迎会や花見、忘年会、新年会なども、酒席・宴席という形を借りた所属意識を高めるための儀礼と言える。

　そのほか、運動会や社内旅行、何十周年記念式典なども組織との一体感やメンバー相互の連帯感を生み出し、凝集性を高める儀礼である。ただし儀礼に強制的に縛り付けると、組織からの束縛やコン

トロールと感じるメンバーがいたり、世代間で認識のギャップがあったりすることから、儀礼の実施には留意する必要がある。

(2) 最初に感じる違和感との決別

組織に参画した新人は、新しい仕事を覚えるだけでなく、その組織で通用している「こう行動するのが当たり前」といった組織の常識を習得することが求められる。これまで過ごしてきた世界に比べ、違和感を覚えることもあるだろう。

部門間の異動や転勤でも同じようなことが起こる。新旧の職場では、判断のよりどころや仕事の価値観、人間関係、目標の設定方法、目標の意味づけ、仲間うちでしか通用しない言葉など、さまざまな面で顕著な違いが見られる。

最初は、自分の判断のものさしやよりどころとのギャップが生じるが、次第に、新しい組織の中ではどのような行動がふさわしいのか、どのように判断をすればよいのかがわかり、これを受け入れていく。新人や転入者は、新しく所属する組織のルールを覚え、そこで通用している判断のよりどころを身につけることで、組織に適応していくのである。

(3) 上司や先輩の言動、行動スタイルの模倣

多くの新人に見られる行動は、組織に適合しようとして上司や先輩の真似をすることである。配属された職場の上司や先輩の言動、行動スタイルを習得すべく努力を重ねていく。上司や先輩のやり方を模倣して行動することは、新しい組織へのコミットメントの表れであり、自らの忠実さを証明するものである。こうすることで、新

人としての自分を周囲の人間に承認してもらおうと考える。

　自分に対して影響力の強い上司や先輩の言動、行動スタイルを模倣することで、善きにつけ悪しきにつけ、組織の価値観を共有していく。新人が倫理的な判断や行動に向かう態度を獲得する際には、こうした上司や先輩の言動などが大きな影響を与えている。

　一方、上司や先輩の真似をしようとしない新人もいる。あえて模倣をしてまで承認してもらおうとは考えておらず、自分の価値観を組織の価値観に適合させようなどとは思っていない。こういう新人は、与えられたものを単純に受け入れることはないだろう。ただし、自分の価値観との折り合いをつけ、自分にとっての意味を見いだすことができれば、組織の価値観を受け入れていく。

(4) 先輩や上司の反応を予期する

　相手の反応を予期することは、社会人になっても常に求められる。「空気を読む」ことも予期にあてはまるだろう。

　職場の中で影響力のある上司や先輩は、新人にとってのお手本になる。新人は、お手本とする人がどのように反応するかを予期し、それを自分の判断・行動の基準とする。このような状況でこう行動したら上司や先輩はどう感じるだろうか。こういう場合には、どのように行動することが期待されているのか、といったことを予測することで、自分がとるべき行動を選択していくのだ。

　このように反応を予期することで、上司や先輩が望むような行動がとれるようになる。ただし、新人のとった行動や考え方が倫理的であるかどうかは、そもそも上司や先輩の望む行動が倫理的に問題はないことが前提となる。

(5) 日常業務の中に埋め込まれた組織の価値観

　意図的、あるいは意図的でないにせよ、仕事の進め方や管理の仕方、コミュニケーションの方法にまで組織の価値観が埋め込まれている場合がある。品質を重視する価値観をもつ組織では、生産・製造現場が品質を高める活動を行うだけでなく、管理部門でも行動様式の中に品質を重視する価値観が埋め込まれ、書類のファイリングの仕方から会議の進め方、机上の整理・整頓に至るまで徹底される。

　新人は日常業務を進める中で、どのような考え方や行動を組織の中でとるべきか、組織にとって何が正しいことなのかを次第に身につけていく。こうした価値観は、先輩や上司のOJT、実務上の経験、会議やミーティングの場、先輩や上司との対話を通じて確実に培われていく。

　そして、新人の行動や考え方の随所に「組織人らしさ」が見られるようになる。学校を卒業して1年もたたないうちに、新人は確実に、その組織の「らしさ」を体現しているはずだ。

3. 倫理的な判断・行動に影響を与える要因

(1) 周囲からの影響要因

　前述したように、私たちは成長過程の中で、周囲からのさまざまな影響を受けている。親や教師、友人、周囲の大人、他人、上司や先輩、顧客といった数知れない人間や集団との関係の中で、私たちは判断や行動を繰り返してきた。

　これまでの振り返りの中から、私たちの倫理的な判断や行動に影

響を与える要因を抽出してみると、親の権威、親や教師の賞罰、親や教師の善・悪の価値観、親の模範的な行動や期待、友人の行動や価値観、相手の反応、組織の常識、上司や先輩の言動や期待、他者の承認や評価などがあげられる。さらには、人間や集団を介したものだけではなく、法律や規程・ルールなど明文化されたもの、組織の中で策定されている倫理綱領や行動規範・行動基準なども当てはまる。

　こうした周囲からの影響を受けながら、私たちは倫理的な判断や行動を行っているのである。

(2) 内的な影響要因

　私たちは倫理的な判断にあたって、周囲からの影響を受けているだけかというと、そうではない。そうした周囲からの影響を受けながらも、倫理的な判断にあたって何を優先し、何を優先しないか、何を大切にし、何を大切にしないかは、最終的には私たちに委ねられているはずだ。また、過去には周囲からの影響要因であったものがすでに内面化され、自らの判断のよりどころとして機能しているかもしれない。

　つまり私たちは、内面化された価値基準によって倫理的な判断を行っているわけだ。さまざまな価値基準がある中で、一例として個人の価値観を取り上げるが、これだけ見ても実に多様であることがわかる。たとえば、Aさんは自分の利害を基準に判断するかもしれないし、Bさんは感覚的な快・不快を基準に判断するかもしれない。Cさんは社会的な正義を判断基準にし、Dさんは倫理的な原則を内面化して、それに則って判断するかもしれない。

　また、私たちの判断に影響を及ぼす内的な要因には、経験によっ

て培われてきた自らの常識や経験則、信条なども含まれる。

図表4-1は、倫理的な判断・行動に影響を与える「周囲からの影響要因」と「内的な影響要因」を整理したものである。

影響要因としてあげたものは、倫理的な判断や行動に対して、プラスに作用する場合もあればマイナスに働く場合もある。

■ 図表4-1　倫理的な判断・行動に影響を与える要因

周囲からの影響要因	内的な影響要因
法律	個人の価値観
規程	信条
ルール	信念
倫理綱領	経験則
行動規範・行動基準	自らの常識
他者の価値観	
集団の価値観	
組織の価値観	
他者の期待	
他者の模範行動	
親の信条・信念	
世間の常識	
組織の常識	
世論	
文化・伝統	

たとえば、集団の価値観は、その集団の規律正しい行動や社会に対する継続的な貢献を生み出す源となる。しかし、集団の価値観に従うことが絶対となり、その価値観に背くことは悪とされると、その集団がもっている価値観が、所属する人間の倫理的な判断に大きな影響を与えることになる。

もう1つ例をあげると、組織の中で相手の期待を予期しながらその人の価値観を受け入れることは、判断のスピードを速めることにつながる。しかし、組織の中の権力者の顔色をうかがい、その期待

にばかり応えようとする姿勢には問題がある。こうした状態は、自ら主体的に考えることを放棄することにもつながりかねない。そして、他者への依存心も強くなる。

　ここで取り上げた影響要因は、倫理的な判断や行動に対して、プラスに働くものもあればマイナスに働くものもあることを銘記してほしい。このことを意識しながら、次節の「倫理的な判断を実践するポイント」を読み進めていただきたい。

●第4章● 倫理的な判断を実践するために

第2節 倫理的な判断を実践するポイント

1. 私たちに必要な力

(1) 想像力を閉ざしてはならない

　私たちがある行動をとったとき、その行動は周囲にどのような影響を及ぼし、どのような結果をもたらすのだろうか。私たちが今判断したことは、未来にどのような影響を与えるのだろうか。私たちには未来に想いを巡らす力が必要であり、そのためには、自らの想像力を決して閉ざしてはならない。

　では、自らの想像力が閉ざされてしまうのは、どのような状態のときだろうか。

・自己中心的であるとき
・先入観で事象をとらえるとき
・相手に対してレッテルを貼っているとき
・安易に常識を活用するとき
・何よりも組織最優先で事象をとらえるとき

　私たちは、自己中心的であるとき、他者に配慮した行動がとれなくなる。また、先入観で事象をとらえるとき、事象の一部分しか認識できないばかりか、誤った認識を生み出すことがある。そして、相手に対してレッテルを貼っているとき、相手のありのままを受容することはできず、そのレッテルを通して相手を歪めて理解しようとする。

　想像力を閉ざさないためには、このような状態のままで判断していないか、気づくことが必要である。

(2) 行動とイメージ

　想像とは、像（イメージ）を想い浮かべることである。英語ではimaginationとなる。私たちが何らかの行動を起こすときには、イメージが作動している。車を運転しているときにも、カーブの先の状態をイメージすることなしには、怖くて運転することはできない。昼に何を食べるかを決めるときにも、私たちはイメージを使っている。実際には、知覚していない事象を心に想い浮かべることで、行動を起こしているのだ。カーブの先にあるものはまだ見えていないし、昼食も実際に食べるものを見ているわけではない。

　私たちは先を読むためにイメージを使っている。つまり、想像力を働かせるということは、イメージを使って次に発生する状況を把握したり、事態の予測を行ったりすることである。

　倫理的な判断を求められ行動しなければならないときにも、イメージを使って、状況の把握や事態の予測を行っているはずだ。何らかの行動を起こすときに、イメージが作動するというだけでなく、よりよいイメージを作動させることができれば、それに伴って適切な行動が引き起こされるとも言える。

　倫理的な判断を求められるときに、自分の心に浮かんだイメージに少しでも陰りや後ろめたさを感じたときは、一歩立ち止まって、自分がとろうとした行動を見つめ直してみることが大切である。

(3) いつもと違う状態に気づく

　「何かがおかしい」「いつもとは違う」「これって変じゃないか」といった感覚は、不測の事態の発生に対処する際の重要な気づきである。状態が変化する兆候や、いつもとは違う状態にいち早く気づく

ことができないと、不測の事態が発生したとき、柔軟に対処することができなくなる。

　私たちが倫理的な判断を行う前提として、こうした状態の変化やズレをいち早く感知する力が求められる。おかしいことをおかしいと素直に感じること、いつもと違うことは何か、問題が発生する予兆だと感じること、おかしいと感じたことは自分だけのものとせずに共有すること。こうした感知力を磨き、その力を組織の中で高めていくことが、問題の発生を未然に防ぎ、自浄作用の働く倫理的な組織づくりにつながっていく。

(4) 共感性を発揮して相手に配慮する

　自分と相手の価値観や判断基準が異なっていることを理解するだけでは、相手の価値観を受け止めることはできない。

　同僚が落ち込んでいるが、その直接の理由はわからない。だが、落ち込んでいるときにどのような気持ちになるのか、思い巡らすことはできる。そして、相手の立場に立って共感することもできる。こうしたことができるのは、落ち込んでいる状況に関する知識や経験、相手の感情を推測し受け止めるスキルをもっているからだ。つまり、相手のことを自分のこととして受け止めることができるのだ。

　相手の気持ちはどうか、相手の考えや意図は何か、といった相手の感情や思考について「共感性」を発揮することが求められる。ただし、こうした共感性を発揮できない人も数多くいる。共感性を発揮できないことが、対人関係の中でのハラスメントや取引先に対する高圧的な態度や言動を引き起こす原因となることに留意したい。また、ある局面では共感性を発揮できても、ある局面ではできないこともある。

倫理的な判断にあたっては、自分の価値観だけで判断するのではなく、共感性を発揮しながら相手の価値観を自らのものとして感知し、判断することが求められる。

2. 判断に向かうときの姿勢

(1) 直面する状況に対する姿勢

　私たちは、これまでの経験の蓄積によって何らかの判断のものさしやよりどころをもっている。ただし、これらは絶対的なものではない。

　また、これが正しいと判断する基準も、実は仮説でしかない。ところが、仮説だとわかったとしても、それをすぐに手放すことは難しい。仮説でしかないとわかった上で、私たちは「正しいとは何か」「善いとは何か」を問い続けていくことによって、より確かなものにしていくしかないのだ。

　では、数多くの経験があれば適切な判断ができるようになるのかというと、そうではない。もちろん、数多くの経験は大切だが、本当に大切なのは、その経験の中で「問いを立てる」ことである。どのような問いを立て、その問いに基づいて何をどれだけ考えたのかということが重要である。

　ある局面では正しくても、ほかの局面では間違いになることもある。ある人にとっては善くても、ほかの人にとっては悪いこともある。ある組織にとっては正しくても、社会にとっては正しくないこともある。異なる観点から見れば、さまざまな見え方があることを私たちは知らなければならない。

①現実の状況の多面性・多次元性を知る

　直面している現実の状況のある一面しか見ることができなければ、私たちの判断や行動は硬直化したものとなる。あらゆる事物や状況が複数の側面をもち、数多くの次元を有していることを認識することが必要になる。

　自分が「これはこうだ」「こうすることが正しい」と確信していることにも別の側面があるということ、ほかの人が見ている側面は私たちが見ている側面とはまったく違っていることがあるということを認識しなければならない。

②一歩離れて眺める、脇に置いて眺める

　私たちは、自分が置かれている立場や視点で状況をとらえて判断することが多い。たとえば、自分が所属する部門の立場や、自分の仕事の責任範囲の観点から状況をとらえるわけだ。しかし、他部門の視点や全社的な視点、顧客の視点、社会の視点から状況をとらえることができなければ、自部門や自分の立場を優先してしまうことになりかねない。

　特に複雑・あいまいで、葛藤が生じるような問題状況に直面した場合はなおさらだ。このような場合には、自分が置かれている立場や視点から「一歩離れて眺める」ことが必要になる。現実の状況にべったり張り付いていると見えないものが、一歩離れることで見えてくる。また、自分の判断のものさしやよりどころとなっているものを「脇に置いて眺める」ことも大切である。

　問題状況に直面した際に、自分の置かれている立場や視点からしか状況をとらえられないのは、問題状況に対して「閉じた姿勢」になっているからだ。私たちは問題状況に対して「開かれた姿勢」で臨むことを意識してみたい。

(2) 開かれた姿勢で臨むために必要な「やわらかさ」

　一歩離れて眺めたり、脇に置いて眺めたり、開かれた姿勢で臨むためには、思考に「やわらかさ」が必要になる。そして、それは思考だけでなく、私たちの身体についても同様である。

　「一歩離れる」「脇に置く」「開かれた姿勢」このいずれもが、身体にかかわる表現であることに気づいただろうか。私たちは無意識のうちに自分の身体を緊張させ、そうしていることに気づかないことが多い。力を抜こうとしても、力の抜き方そのものを忘れてしまっていて緊張がとれない場合もある。思考も身体も、緊張やこわばりがある状態では、直面する状況を、素直にありのままに受け止めることができなくなる。

　私たちの動きや姿勢も、そして私たちが判断することも、長年の経験によって培われたものであり、習慣化しているものである。自分ではごく自然で楽だと感じていることが、実は不自然で緊張を生み出す身体の使い方になっていることがある。そうした身体の使い方の習慣を意識し、悪い習慣を改善していくことが求められる。自分が確信して判断していることも同様で、いくら自然だと感じていたとしても、あえて疑問を投げかけなければならないことがある。

　私たちに求められるのは、いつでもどこでも、どんな場面に遭遇しても、自分を「ニュートラルな状態」にすることである。「ニュートラルな状態」とは、緊張やこわばりのない自然な状態を指す。こうした「やわらかな姿勢」で直面する状況と向き合い、判断に臨むことを意識してみよう。

3. 倫理的な判断を行うときに求められる「振り返り」

　私たちはさまざまな経験とその評価を繰り返しながら、自らの倫理的な判断にあたって何をよりどころとしたらよいか、何を優先し、何を優先すべきでないかを学んできた。

　私たちは自分の信条や信念をもち、さまざまな状況での判断に生かしているかもしれない。また、仕事での成功体験や組織の中で承認された経験を通じて、自分が正しいと信じていることが倫理的な判断に大きな影響を与えているかもしれない。

　ただし、過去には正しかったことや善いとされたことでも、永続的に正しい、善いとは限らない。私たちが長年の経験に基づいて培ってきた判断のよりどころでさえ、疑ってみる必要があるかもしれない。また、私たち人間の弱さを考えると、さまざまな誘惑や圧力と、自ら正しい、善いとする価値観との間に葛藤が生じることもあるだろう。

（1）経験則や常識を疑う

　私たちは経験則や常識に基づいて、こんな状況に直面したらこのように対処すればよい、という判断や行動選択の引き出しを数多くもっている。状況に対処する際に過去に経験した同じような状況を思い浮かべ、そのときにうまくいった対応方法を選択することは日常的に行われている。

　また、私たちは常識と呼ばれているものを共通の基準、共通する世界として活用しようとする。世間で通用する常識もあれば、組織の中だけで通用する常識もある。

　組織の中で経験則や常識を活用することは効率的な判断や業務の

スピードアップに欠かせないが、一方で、やみくもにそれらを活用することは自らの考える機会を奪い、考える力を衰えさせる。組織の中での前例や慣習は、組織の常識となっている。こうした前例や慣習にどっぷりと浸かっていると、行動にあたって何の疑いも抱くことがなくなる。組織の常識は、そこで働く従業員の思考や行動に強く影響を与えているのだ。

　常識は私たちの判断のよりどころとして根強く機能しているが、あまりにも当然のように機能しているため意識されることが少ない。しかし、このことがもたらす影響は計り知れない。

　だれも、既定の事実となっている常識には、疑問をもとうとしない。しかし、「それって常識でしょ」という一言でほかを切り捨ててしまう考えには多くの問題が潜んでいる。倫理的な判断や行動が求められる際には、むやみに常識を活用するのではなく、一歩立ち止まって常識を疑ってみる態度が求められる。

(2) 思い込みを見つめ直す

　同じ組織に長くいればいるほど、その組織での「ものの見方・考え方」が染みついてくる。また、そうした「ものの見方・考え方」がある程度体に染みつかないと、効率的に判断しながら業務を進めることは難しい。しかし、その反面で組織特有の固定的な「ものの見方・考え方」に陥ってしまう危険性もある。そして、「こうに違いない」「こうするべきだ」という思い込みにとらわれる。こうした思い込みにとらわれると、倫理的に判断することが危うくなる。私たちは、自分が信じていること、そうに違いないと思い込んでいることは、自分が聞きたいように聞き、見たいように見てしまう。

　同じ組織に長くいると、同質的な価値観に染まるのを避けること

は難しい。いくら自分は染まらないと踏ん張ってみたところで、周囲のメンバーからの同調圧力に抵抗することは難しく、流されてしまうこともあるだろう。

　倫理的に判断するためには、組織の「ものの見方・考え方」が自分に染みついていることを、まず認識することが出発点となる。

（3）他者の承認・評価を得ようとする姿勢を見つめ直す

　私たちは多かれ少なかれ、「人に良く思われたい」「人に好かれたい」という思いを抱いている。しかし、こうした思いにとらわれると、どうしても人の目が気になってしまう。人の目を気にするということは、他人の評価を気にして、周囲が喜ぶ行動、周囲が期待する行動をとってしまうことにつながる。

　そして、組織の中で良い評価を得るためには、上司や先輩を喜ばせることが必要だと考えるようになる。極端なことを言えば、事業を推進して成功に導くことよりも、影響力のある上司や先輩の承認・評価を得ることに注力するようになる。他者の承認や評価を得ることが行動する上でのよりどころとなり、「あの人に認めてもらうためには、どんなことにも手を染める」といった考え方に陥りやすくなる。こうして承認や評価を得ることが目的になってしまうと、自ら主体的に倫理的な判断をすることは難しくなり、他者への依存心を増大させることにもなる。

　一方、他者の承認や評価を気にするのではなく、それを糧にする考え方もある。他者の承認・評価を糧にして、自分を成長させていくことが仕事の目的となれば、依存心ではなく自律心を芽生えさせることにつながるだろう。

（4）組織からの要請・圧力を見つめ直す

　正直であること、誠実であること、約束を守ること、公正であることは、社会の秩序を維持する上で基本的な規範である。こうした基本的な規範に基づいて行動したいと思っている個人も、組織人としてジレンマを感じることがある。それは組織からの要請や圧力によって、個人としては受け入れがたいが、その規範を破ることを余儀なくされる場合である。個人としては従いたくないが、従わないと組織内での自分の立場が危うくなったり周囲の自分を見る目が違ってきたりするため、組織からの要請に従わざるを得ない状況に追い込まれる。

　こうした状況は、行動の目的や貢献の対象について検討する際に、組織の利益や目標、そして組織の存続を最優先で考えたときに現れる。

　私たちは組織に所属しているが、組織と個人の関係は隷属的・従属的なものではない。あくまでも組織の活動に参画しているのであって、組織が上で個人が下という関係ではない。私たちが倫理的に判断する際には、行動の目的や貢献の対象が組織偏重にならないように、組織との関係性のもち方や組織との距離のとり方には十分に留意する必要がある。

　また、日常業務の中に埋め込まれた価値観は、知らず知らずに浸透していく。組織からの要請とは感じとれないものだからこそ、こうした価値観が組織にとって都合のよいものになっていないか、これからも通用するものなのか、他者の利益を損ねるものになっていないかなど、常に見直しを行い、更新していくことが望ましい。

（5）組織人としての成功の定義を見つめ直す

　組織人にとっての成功とは何だろう。私たちは仕事上の成功をどのように定義づけているのだろう。

　出世、肩書き、金銭的報酬や権限・責任の増大、広い専用オフィス、名声、勝ち組に入ること……。

　ここでは、個人的に受け取る物質的な報酬を中心にして成功が定義されている。個人の成功のためには犠牲を顧みず、そうした成功を勝ち取るためのレースが組織の中で用意される。

　組織人としての成功は、組織の中で出世することや、より上位の肩書きを得ること、金銭的報酬を増大させることなのだろうか。権限や責任が増大すれば、自らの価値も高まったと言えるのだろうか。確かに、個人的に得る物質的な報酬は、生きていく上で大切なことかもしれない。しかし、それが仕事上の成功の第一番目に掲げられ定義づけられることには問題がありそうだ。物質的な報酬を獲得することで満足を得ようとすると、その限りのないサイクルから抜け出すことは難しくなる。さらに上へ、さらに多くの報酬へと、「さらに」は際限がない。

　顧客をはじめとするステークホルダーや社会に対する貢献や奉仕こそ、組織人にとっての成功の定義となってほしいものだ。私たちに与えられる報酬は、有意義な仕事、仕事を通じた学びと自己成長、顧客や社会からの賞賛である。私たちがこうした観点から成功を追い求め、手に入れることによって、おのずと物質的な報酬は後からついてくる。

　P.F.ドラッカーは、著書『新しい現実』の中で次のように述べている。

　「組織にとって、成果は、常に外部に存在するという事実がある。

企業の成果は顧客の満足であり、病院のそれは患者の治癒であり、学校のそれは生徒が何かを学び、10年後にそれを使うことである。組織の内部には、コストが発生するにすぎない」[1]。

物質的な報酬を中心にして自己の利益を最優先するように成功が定義づけられていると、自己中心的に物事をとらえ、他者に配慮した倫理的な行動がとれなくなる恐れがある。判断を歪めてしまう恐れのある自らの成功の定義を振り返ることが求められる。そして組織についても、組織の成功や組織が生み出す成果はどのように定義づけられているのか、もう一度、見つめ直してみることが重要である。

4. 倫理的な判断にあたっての検討項目

ここでは、私たちが倫理的な判断を実践していくにあたって、どのような点に留意して検討を行うことが必要なのかを見ていくことにしよう。

(1) 倫理の原則や規範、組織の価値観にかなっているか

まず、私たちの判断や行動は、倫理の原則や規範、そして組織の価値観にかなっているかを検討することが重要である。もちろん、法律や規則に反していないことが大前提となる。

倫理の原則は、私たちが正しく判断しようとするときのよりどころとなるものである。また、組織における規範は、倫理綱領や行動規範などにまとめられ、私たちの判断の基準として機能させることができる。そして、私たち個人の中にも、経験を通して培ってきた判断のよりどころがある。こうしたよりどころに照らし合わせるこ

とで、自らの判断や行動を精査しているのだ。

　ある原則や規範に則っていても、ほかの原則や規範に照らし合わせたときに、その判断や行動が倫理的に正しいとは言えないかもしれない。顧客や取引先に配慮した正しい行動のように思えても、組織の価値観に反する場合もある。「このように行動することは、組織の価値観にかなっているのか、価値観に反することにはならないのか」と問いを立てることで、自らの判断や行動について深く考えることができる。また、原則や規範に則った行動の中で、何が最善なやり方なのかを追求することは、私たちがめざすべき姿を実現する上で、欠かしてはならない取り組みである。

(2) 影響はどこまで及ぶのか

①影響範囲はどこまで及ぶのか

　倫理的な判断を実践していくにあたって、その判断や行動の影響はどこまで及ぶのかについて考えることは重要である。影響範囲をどこまでと想定するか、全体最適の範囲をどこまでと考えるかによって、とるべき行動は違ってくる。

　その場合、「より広範囲にわたって想定すべきだ」という考え方は正論である。しかし現実的には、ビジネスが影響を及ぼす範囲をより広範囲に設定すると、短期的なコストの増大を招くことになるかもしれない。それでも、全体最適の範囲をより広く設定した取り組みを本当に行うのかどうかが問われる。

　自動車業界を例にすると、地球温暖化への影響を食い止めることを全体最適の範囲として想定すれば、ガソリン消費に依存したビジネスモデルの転換は、短期的なコストの増大を差し引いても必須のものとなる。

②影響を受ける対象はだれか

　影響はどこまで及ぶのかについて検討する際には、「影響を受ける対象はだれか」について考えることも重要である。果たして、目の前にある対象や問題状況に登場している対象だけを相手にすればよいのだろうか。影響を被るのは、目の前の対象だけではないということを銘記しなければならない。特定の集団にとっては満足を高める行為でも、別の集団にとってはそうではないかもしれないのである。

　たとえば、品質の高い製品や良いサービスを提供することは、私たちの生活に役立ち、世の中の役に立つと言い切れるだろうか。資源や資材の調達プロセスや開発プロセス、サービスの提供プロセスにおいて負の影響を受ける対象がいるかもしれないということも考える必要がある。

　そして、各対象者がどのような影響を受けるのかを想定しながら判断に臨まなければならない。

(3) どういった時間軸でとらえるか

　倫理的な判断を実践するにあたっては、時間軸の検討も必要である。これは現在に比重を置くか未来に比重を置くか、といった単純なものではない。「想定される未来への影響を考えて行動を選択すべきだ」という考え方は至極まっとうなものだ。「そうすればよい」という意見も大半を占めるだろう。しかし現実には、短期間で成果を上げなければならない状況で中期的な課題にどれだけ本気で取り組めるか、また短期的にはマイナスになるかもしれないことに、中長期的に継続して取り組めるかどうかが問われる。

　これは、現在の成果を生み出すことを問われる中で、未来の成果

を生み出すための見通しをもつことができるかどうかにかかっている。現在の利益のために選択したことが、未来の利益を創出する機会を奪ってしまうということについても、考えなければならないのである。

（4）目的にかなっているか

　倫理的な判断を実践するにあたって、「事業活動の目的や業務の目的にかなっているか」を検討することは重要である。私たちは目的を定めることによって、いくつかの選択肢の中から行動を選択できるようになる。

　ある状況に直面したときに本来の目的を見失って判断すると、誤った行動をとってしまう恐れがある。「何のためにそれを行うのか」「事業活動の目的にかなった行動と言えるか」「私たちの仕事の目的を達成するために選んだ手段は適切か」といった問いを発することによって、目的を再確認する必要がある。

　企業活動の目的については、企業理念や経営理念の中に記述されていることが多い。個々人の仕事の目的はあえて記述はしていないかもしれないが、これは自らの内側にあるものだ。組織の活動の目的、自らの仕事の目的を明らかにするとともに、直面する問題状況を解決する目的は何かを見失わないことが大切である。

　これまで見てきた（1）から（4）の項目は、すべて問いの形式になっている。判断や行動にあたって「なぜそう判断するのか」を絶えず自問することで、倫理的な判断を実践してほしい。ただし、ここであげた検討項目は、一例にすぎない。倫理的な判断に臨む際に、自ら問いを立てる習慣を身につけるきっかけとしていただきたい。

■ 図表4-2　倫理的な判断にあたっての質問項目

①倫理の原則や規範、組織の価値観にかなっているか
　Q．倫理の原則にかなっているのか、それに反することにはならないのか
　Q．倫理綱領や行動規範に則った行動と言えるか
　Q．組織の価値観にかなっているのか、それに反することにはならないのか

②影響はどこまで及ぶのか
　Q．影響はどこまで及ぶのか
　Q．全体最適の範囲をどこまでと考えるか
　Q．影響を受ける対象はだれか
　Q．目の前の対象だけでなく、ほかに影響を受ける対象はいないか

③どういった時間軸でとらえるか
　Q．現在の成果だけでなく、未来の成果を生み出すものか
　Q．現在の利益のために選択したことが、未来の利益を創出する機会を奪ってしまうことはないか

④目的にかなっているか
　Q．何のためにそれを行うのか
　Q．事業活動や業務の目的にかなった行動と言えるか
　Q．私たちの仕事の目的を達成するために選んだ手段は適切か

注釈

（1）　P.F.ドラッカー著、上田惇生・佐々木実智男訳『新しい現実』ダイヤモンド社（1989）p.334より引用。

参考文献

- N. アイゼンバーグ、P. マッセン著、菊池章夫・二宮克美共訳『思いやり行動の発達心理』金子書房（1991）
- 見田宗介『価値意識の理論―欲望と道徳の社会学―』弘文堂（1966）
- アンソニー・ウエストン著、野矢茂樹・高村夏輝・法野谷俊哉訳『ここからはじまる倫理』春秋社（2004）
- P.F.ドラッカー著、上田惇生・佐々木実智男訳『新しい現実』ダイヤモンド社（1989）
- リン・シャープ・ペイン著、鈴木主税・塩原通緒訳『バリューシフト―企業倫理の新時代―』毎日新聞社（2004）

第 5 章

組織に変化を引き起こす学習と職場勉強会の展開

第1節 組織の中で学習を引き起こすために

1. 教育の実施だけでなく学習の支援へ

(1) 教育が重要と言われているが

　倫理的な組織づくりのための施策として、体制の整備や仕組みづくりとともに、教育の重要性を指摘されることが多い。不祥事を起こした企業の会見でも、「コンプライアンス教育を徹底し、再発防止に向けて取り組みます」などといったフレーズをよく耳にする。では、実際に、どのような教育が行われているのだろうか。

　講演会を開催することも「教育」であり、対外的には、コンプライアンス教育を実施していると報告することができる。しかし、講演会形式では対象人数が限られることから、組織への影響力は限られ、一過性のものとなる恐れがある。そして、そもそも「教育」は、対外的な報告のために行う性質のものではないはずだ。

　e-Learningを実施することも「教育」であり、対象者の裾野を一気に広げることができる。ただし、その場しのぎの施策になっている場合、効果の大きさには限界がある。こうした姿勢での取り組みは、従業員のやらされ感を増大させる結果につながる。

　ここでは、講演会やe-Learningといった方法を否定しているのではない。そうした取り組みだけにとどまっている姿勢に対して問題を感じるのである。果たして、単発の教育や一過性の教育だけで満足していてよいのだろうか。

(2) 従業員の受け身の姿勢を生み出していないか

　単発的な教育は、従業員の姿勢を受け身にしてしまう。機会が与えられない限り自ら動こうとはせず、教育の機会が与えられても、その場限りのものとなってしまう恐れがある。

　さて、教育テーマの1つに法令知識の教育がある。法令知識がなかったために違反してしまうことは絶対に避けなければならない。こうした意味から、自組織の活動に関連する法令知識の教育は重要である。しかし、法令やルールに違反さえしなければよい、法令で定められた基準さえ守っていればよい、だけでは社会に対して責任ある行動をとったとは言えない。

　「～してはならない」「～しなければならない」と法令や規則に従うことを要請するアプローチだけだと、これもまた従業員の受け身の姿勢を生み出すことになる。

(3) 何をめざすのかを問い直す

　単発の教育や一過性の教育だけで終わっている組織に特徴的なことは、教育を実施することでどのような状態を生み出したいのか、自分たちがめざすべき状態は何かを具体的に描いていないということである。

　自分たちがめざすべき状態を描いていないと、実施する教育に一貫性がなくなり、その場しのぎの対応に終始することになる。つまり、進むべき方角が定まっていない中で航海を続けなければならないわけだ。このような状態のまま突き進めば、いずれ座礁してしまう。また、めざすべき状態を描いていても、推進する施策とのミスマッチを起こしている場合もある。

めざすべき状態とは、施策の実施によって実現したい未来の姿である。この状態を具体的に思い描くことが、施策を方向づける。もちろん、めざすべき状態を描く際には、担当部門の独りよがりなものにならないように注意しなければならない。組織全体の期待や要請をふまえるとともに、社会からの期待や要請に基づくものであることが望ましい。

　ここで言う「めざすべき状態」は、必ずしも「理想的な状態」とは限らない。めざすべき状態が組織の現在の状態とあまりにもかけ離れていれば、組織の中に軋轢（あつれき）が生じることが予想できる。また、組織の現在の状態を把握せずに施策を企画しても、従業員や組織の変化を導き出すことは難しい。

　よって、めざすべき状態を描くときには、組織の現在の状態を把握することがベースとなる。

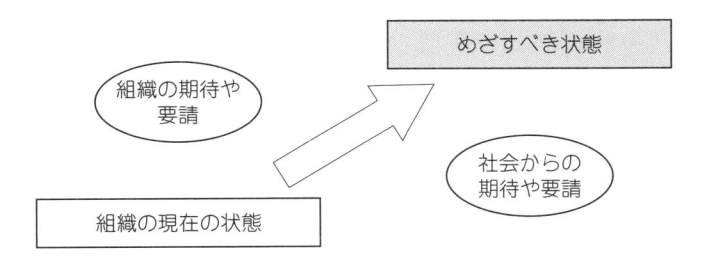

■ 図表5-1　めざすべき状態とは

```
                    ┌─────────────┐
                    │ めざすべき状態 │
                    └─────────────┘
                          ↑
    ┌─────────┐         ／
    │ 組織の期待や │       ／
    │   要請    │      ／
    └─────────┘     ／      ┌─────────┐
                  ／        │ 社会からの │
                ／          │ 期待や要請 │
    ┌───────────────┐     └─────────┘
    │ 組織の現在の状態 │
    └───────────────┘
```

(4) めざすべき状態を描く

　では、具体的にどのような状態をめざしたらよいのかについて考えてみよう。ここでは、どのような状態をめざすのかを、例示してみることにする。

● A：法律や規程に則って行動し、不正を起こさない
　①法律・規程や手順に違反することは許さない（許されない）状態
　②不祥事を起こさない状態
　③不正は許さない（許されない）状態
● B：倫理意識を高める
　④不測の事態の発生にも柔軟に対処できる状態
　⑤各々のステークホルダーに配慮した行動がとれている状態
　⑥理念や「らしさ」が浸透している状態
　⑦職業意識（プロ意識）が発揮されている状態
● C：社会的責任を果たす
　⑧社会からの要請に適応できている状態
　⑨企業倫理・コンプライアンスなど特に意識しなくてもよい状態

　ここでは、状態を3つに分けているが、Aから始まって段階的に状態が変わっていくわけではない。Aの状態をめざす取り組みと同時に、Bの取り組みも必要になる場合がある。

　どのような状態をめざして施策を推進していくかは、組織や社会からの要請をふまえた担当部門の意思や部門構想にかかってくる。「不祥事を起こさないように、法令やルールの徹底に注力することがわれわれの使命だ」と認識している部門もあれば、「組織の持続的な成長をめざし、組織の価値観や"らしさ"の共有、職業意識の醸成に注力することがわれわれの使命だ」と認識している部門もある。

　現実的な目標として、どのような状態をめざすのかを検討し、取り組みの内容に反映してほしい。

(5) メンバーの側で起きていることを理解する

さて、従業員側の姿勢を受け身ではなく能動的なものとするには、どうしたらよいだろうか。そのためには、教育の機会を提供するという視点だけでなく、従業員、すなわちメンバーの側で起きていることについても理解を深めなければならない。

教育機会の提供は、担当部門からの働きかけと言えるが、メンバー側で起きていることは「学習」である。次項では、この「学習」について見ていくことにしよう。

2. マインドの醸成に不可欠な学習

ここでは「学習」という切り口から、組織の中で倫理意識やコンプライアンス意識といったマインドを醸成することを考えてみよう。

学習はメンバーの側に起こるものだが、だからといって、何もせずに静観していればよいというわけではない。担当部門は、メンバーの自発性を引き出すために、学習について理解し、意図的な学習を引き起こす支援を行っていかなければならない。

(1) 学習とは

①学習を定義すると

学習とは、一般に「練習や経験によって起こる比較的永続的な行動の変化」と定義されている。ここでは、行動の変化だけでなく認識の変化も含めて「学習」と呼ぶ。つまり、認識の変化や行動の変化がなければ、学習が起こったとは言えないのである。

日常生活の中でさまざまな経験を積み重ねている私たちは、連続的に学習を行っていると考えられる。したがって、自分では意識していなくても学習が行われていることがある。また、経験が教育的なものでなくても、行動の変化が望ましいものでなくても、学習が起こっていることがある。

②偶発的な学習と意図的な学習

学習には、「非意図的で偶発的な学習」と「意図的な学習」がある。

第4章で倫理的な判断の獲得プロセスについて見てきたが、上司や先輩の言動や行動スタイルを真似るという行為は、偶発的な学習の代表例である。また、新人の行動や考え方の随所に「組織人らしさ」が見られるようになるのも、偶発的な学習によるものである。

一方、意図的な学習とは、個人が問題意識をもち、目的をもって行う学習である。組織や職場での教育・研修は、研修生が意図的な学習を起こすことを期待して行われるものである。

(2) 意図的な学習が起こるように導く

メンバーは組織や職場の中で、偶発的な学習と意図的な学習のどちらに多くの時間を使っているのだろう。その比率は、圧倒的に偶発的な学習が多いはずだ。メンバー個々人の判断のものさしやよりどころの多くが、偶発的な学習によって身につけられたものだとしたら、メンバーの学習について考える場合、偶発的な学習を意図的な学習として取り込むことが必要になる。

すでに身につけている判断のものさしやよりどころは、いつまでも通用するとは限らない。また、それらは組織の古い体質や悪しき

習慣を引きずっているかもしれない。それらを学び直すためには、偶発的な学習に委ねるのではなく、意図的な学習が起こるように導いていかなければならない。

(3) 組織における学習とは

　担当部門は、個人の側の学習だけでなく、組織における学習についても着目しなければならない。

　組織は環境・社会の変化への柔軟な対応を絶えず繰り返しながら、環境に適応していく。たとえば、社会環境や市場構造の大きな変化に対しては、事業領域や事業構造の組み替えを行ったり、あるいは組織機構の変革を行ったりすることで、意図的に環境への働きかけ方を変え、適応を図っていく。

　つまり、環境や社会からのさまざまな要請を受けて、自分は何者かを見つめ直し、その行動を変化させていく。このように組織が環境や社会に適応していこうとするプロセスは、学習そのものであると言える。

　組織が環境や社会に適応していくためには、組織の中のメンバーが共通してもっているものの見方・考え方、規範、組織として大切にしたい価値観の妥当性を検証していくことが求められる。

　組織や職場集団は、さまざまなメンバーの集合体として機能している。環境や社会に適応していくために、構成員であるメンバーは学習し、新しい知恵やアイデア、方法を見いだしていく。そうしたメンバーの学習成果が他のメンバーに伝えられ、組織や職場集団の共有の財産として蓄積し活用され、メンバーに共通する新しいものの見方・考え方、規範、組織として大切にしたい価値観となったときに、はじめて組織学習が起こったと言える。

組織が環境や社会に適応しながら活動し、新たな組織の行動規範を共有していくためには、こうした組織学習のプロセスが必要になる。

(4) メンバーと職場集団への関与の仕方

　担当部門は、意図的な学習が起こるようにメンバーを導いていかなければならない。最終的には、メンバーとその集合体である職場集団に働きかけていかなければならないが、意図的な学習が起こるような関与の方法には、大きく分けて直接的に関与する場合と間接的に関与する場合がある。

■ 図表5-2　メンバーと職場集団への関与の方法

①直接的に関与する場合
②間接的に関与する場合
・職場集団のマネジャーに働きかけ、そのメンバーと職場集団に関与する。
・推進リーダー（推進責任者、推進担当者など組織によって呼称が異なる）に働きかけ、その責任範囲のメンバーと職場集団に関与する。
・推進リーダーを統括する推進責任者に働きかけ、推進リーダーを通じて、その責任範囲のメンバーと職場集団に関与する。
＊場合によっては、マネジャーと推進リーダーが同一のこともある。

　直接的に関与する場合は、組織のメンバーの数と担当部門の担当者数との兼ね合いでその負荷が決まる。もし、担当者が1名なら、直接的に関与できる人数には限りがあるだろう。限られた担当者だけで働きかけなければならないことを考えると、すべてのメンバー、すべての職場に直接的に関与するのは現実的ではないかもしれない。ただし、働きかける対象部門・職場を重点化すれば、意図的な学習

が起こるように直接的に関与することも考えられる。

　一方、間接的に関与する場合は、職場集団のマネジャーや推進リーダーを通じた働きかけとなる。企業倫理・コンプライアンスというテーマは、組織内の全メンバーが対象となるテーマである。限られた数の担当者で、すべてのメンバー、すべての職場に働きかけなければならないことを考えると、おのずと間接的に関与する方法について検討することが求められる。間接的な関与は、マネジャーや推進リーダーを自らの分身として育成し、彼らを組織学習の核にすることを想定した取り組みである。

　また、推進リーダーを統括する責任者に働きかける場合もある。この場合、責任者から推進リーダーへの働きかけを通じて、メンバーと職場集団に関与することになる。

●第5章● 組織に変化を引き起こす学習と職場勉強会の展開

第2節 職場勉強会の展開

1.「人」と「職場」と「情報のやりとり」に着目する

　前節で、意図的な学習が起こるように導いていくことの必要性について述べた。では、意図的な学習を起こすためには、どのような点に着目すべきなのだろうか。

　学習そのものを起こすのは「人」であり、学習が起こる場は「職場」である。そして、その学習は「人と人との相互作用」を通じて起こる。「人と人との相互作用」は、職場集団の中でのさまざまな情報のやりとりによって発生する。情報のやりとりを別の言葉で表現すると、コミュニケーションである。

　組織は、個人が変化するだけでは簡単に変わるものではない。個人の倫理意識が高まったとしても、以前からの職場集団としての意識が何も変わらず、そのまま根強く残っているとすれば、その職場集団の中にいる個人は集団の影響を受けてしまうだろう。せっかく高まった個人の倫理意識も低下する恐れがある。

　そこで、職場集団の中に、企業倫理・コンプライアンスをテーマとしたコミュニケーションの機会を設定することで、意図的な学習が起こるように導いていくことが必要になる。メンバー個々人の判断のものさしやよりどころなどの多くは偶発的な学習によって身につけたものであるため、あえてそれらに着目させるコミュニケーションの機会を設定して個人の意識を高めたり、高まった意識を維持させたりする組織としての取り組みが重要になるのである。

2. 職場勉強会の目的と効用

　職場集団の中に、企業倫理・コンプライアンスをテーマとする意図的な学習を引き起こすための方策として、「職場勉強会」を取り上げる。職場勉強会という場を設定することで、職場の中にコミュニケーションの機会を意図的につくり出すわけである。
　ここでは、職場勉強会における話し合いの目的と効用について触れる。

(1) 職場勉強会での話し合いの目的は何か

　コミュニケーションとは、単に言葉のやりとりをすることではない。言葉や表現に込められた意味、その背後にある意味が交換されるプロセスなのである。同じ言葉を用いていたとしても、人によって、その言葉に込めた意味合いが異なる場合がある。コミュニケーションとは、こうした意味の違いを互いに探っていくプロセスでもある。
　職場勉強会は、一方的な情報伝達の場ではない。また、議論しながら1つの意見に収束させる場でもなければ、参加者の意見の違いを際立たせる場でもない。
　職場勉強会は、参加者同士による意味の交換を起こす場である。この場では、人によって意見が異なること、つまり、状況への意味づけやそもそもの想定が異なることを利用して、互いの理解を深めることができる。また、感じ方や考え方の違いがあることを受容する中で、互いに共有すべき意味を探求し、発見していくことができる。

（2）話し合いの効用を知る

　職場勉強会という場で、メンバー相互で話し合いを行う効用として、次のようなことがあげられる。
　①メンバー自らが自分で考えを巡らすことができる。
　②他者の考え、自分とは異なる考えや想定に触れることで、多様な観点から状況をとらえたり、より広い視野で状況をとらえられるようになる。
　③自分がもっている判断のものさしやよりどころを振り返ることができる。
　④集団として大切にしたい価値観の探求、発見、共有が起こるきっかけを生み出すことができる。
　⑤話し合いに参画し、ほかのメンバーとともに考えることで、共通の新しい考え方を生み出していく意欲が高まる。
　⑥メンバー相互の理解を深めることができ、緊密なつながりや仲間意識を醸成することができる。

　単に話し合いを行えば、これらの効用が得られるわけではない。効用を生み出すためには、話し合いの素材や題材を吟味したり、話し合いの進め方を工夫することも必要になる。
　たとえば、各自の判断のものさしやよりどころを振り返る話し合いの進め方には、「なぜ、そう判断したのですか」とか「そのように行動した方がよいと考えた理由は何ですか」といった問いをタイミングよく投げかけるなどの工夫が考えられる。単なる意見交換や討議ではなく、問いが発せられることで、自分の意見・考えの背後にある意味を探っていくことが可能となる。

3. 話し合いの素材や題材には何があるか

　職場勉強会は、前述した効用を生み出すために話し合い、深く考える機会となる。では、話し合うための素材や題材にはどんなものがあるだろう。

　素材や題材となるものには、行動規範、ケース（事例）、仕事の意味、実際に発生している問題状況などがある。そのほか、他社の不祥事なども題材となる場合がある。職場勉強会では、こうした素材や題材をどのように使うかがポイントとなる。

(1) 行動規範を活用した話し合い

　行動規範を明示化し、冊子化して配布している組織は多い。ただし、明示化したり配布するだけでは、学習は起こらない。また、単に内容の読み合わせを行っても、やはり学習は起こらない。行動規範を使って学習を引き起こすためには、ただ表面的に記述された言葉を追うのではなく、その背後にある意味を確認し共有することが重要である。

　行動規範の内容を確認するということは、なぜこうした行動が私たちにとって大切なのか、それが求められる意味や背景について納得することである。そのためには、表面上の言葉ではなく自分たちの言葉で、日常業務の中で求められるのは具体的にどのような行動なのかについて話し合い、期待される行動イメージを共有しておくことが必要だ。

①行動規範に則った行動の確認
　話し合いの場では、行動規範に則って、「望ましい行動ができて

いるか、できていないか」を確認することができる。

　ただし、確認の結果、できていないことをただ是正するだけでなく、望ましい行動ができないのはなぜか、その背景にある要因を突き止めることが必要になる。この要因を特定できないと、ある局面での行動を是正しても、別の局面では行動できないといったことが起こる。このような状態では学習が起こったとは言えない。

②行動規範の可能性と限界を理解する

　話し合いの場では、私たちがある状況に直面して判断する際に、行動規範が「正しい・正しくない」を判断するものさしとなることを理解することもできる。ただし、「いずれも正しいかもしれない」というあいまいな状況の中で判断せざるを得ない場合はどうだろう。そんなときは、行動規範はよりどころとはならないかもしれない。

　日常の場面では、時としてあいまいな状況の中で、倫理的な判断を迫られるものである。こういう場面では、何を重視したときにはどのような影響があり、重視しなかったときに別の影響がどのように生じるかを多面的・複合的に考えることが求められる。判断をするのは行動規範ではなく、私たち自身である。したがって、自らの倫理的な判断力を磨くことが重要となる。

(2) ケース（事例）を活用した話し合い

　職場勉強会では、話し合いの素材としてケース（事例）が活用されることが多い。ケースではまず、問題が発生した状況（あるいは発生しそうな状況）が示される。次に、そうした状況に直面する当事者の立場になったとき、だれに配慮して、どのような基準に基づいて、どのように行動するかを検討する。こうした検討のプロセス

は、参加したメンバーが自ら考えることを促し、自分がもっている判断のものさしやよりどころを振り返るきっかけとなる。

　ケースの状況を読み、「こうした状況下ではこうする」という模範的な対応の仕方を確認するだけでは、メンバー相互のやりとりが発生する余地があまりない。ただし、問題状況における対応方法や望ましい行動を徹底する場合には有効である。

　ケースを活用して学習を引き起こすためには、「こちらを立てればあちらが立たず」といったジレンマ状況を盛り込み葛藤を引き起こす問題状況を作成したり、職場勉強会における話し合いや議論の進め方を工夫することが必要である。こうした話し合いを進行する推進リーダーの役割は重要である。ケースを使った職場勉強会を運営する推進リーダーの養成方法については、次項で述べる。

(3)「仕事の意味」に関する話し合い

①「自分の仕事は何か」を表現する

　「仕事の意味」も話し合いの題材となる。日常、仕事の意味について語り合う機会は少ないかもしれない。ともに働く仲間が仕事の意味をどのようにとらえているかを知ることは、互いの理解を深める機会となるはずである。

　私たちは「自分の仕事は何か」を表現することで、自分の仕事を規定している枠組みを見つめ直すことができる。ある言葉によってがんじがらめに規定された枠組みの中で仕事をしていると、その枠組みから抜け出すことは困難になる。自分で規定している枠組みを認識するとともに、自分にとって仕事の意味は何かを探っていくことが必要である。

　ここでは、仕事の意味を「自分自身にとって仕事を行うことの目

的と、自分自身にとっての仕事の価値を表現したもの」と考える。つまり、仕事の意味を表現する際には、次の2つの形式で行う必要がある。
・私にとって仕事とは、～のために行うものである。
・私にとって仕事とは、～という価値がある。

②自分の仕事は他者にとってどんな意味があるのか

　仕事は自分一人だけで完結するものではなく、常に他者とのつながりやほかの仕事とのつながりの中で行われている。「私にとって仕事とは何か」を考えるだけでなく、「他者にとって自分の仕事はどのような意味があるのか」を考えることで、より深く、より広い視野で仕事の意味をつかむことができる。

　たとえば、自分の仕事が社会や顧客にどう貢献しているか、といった深く広い視野で仕事の意味をとらえ直すことで、仕事に対する誇りやプロ意識を高めていく。こうした誇りやプロ意識を高めることによって、「行動規範や倫理の原則に則った行動をとることは当然である」という仕事観・職業観を高めていくことができる。こうした状態になれば、企業倫理やコンプライアンスという言葉をあえてもち出すまでもない。

　職場勉強会で「仕事の意味」を扱うのは、個人にとっての仕事の意味を明らかにするためだけではない。自分が大切にしていることと他者が大切にしていることの違いを認識したり、共通部分があることを確認することができる。仕事の意味の探求は、こうしたやりとりを通じて、職場集団として組織として大切にしなければならない価値観は何かを共有し、集団としてのプロ意識を高めていくきっかけとなる。

(4) 実際に発生している問題状況を題材とした話し合い

　職場勉強会では、職場で発生している問題やリスクについて話し合うこともできる。ケースで話し合った内容を呼び水にして、同じような状況を見聞きしたことがないか、似たような問題状況はないかを引き出すことができる。

　問題やリスクの洗い出しを行う際には、「あれもこれもできていない」「あの人が問題だ」というアラ探しや犯人捜しに終始していては意味がない。職場勉強会で実際に発生している問題やリスクについて話し合うことの第一のねらいは、そうしたことについて「口に出してもいいんだ」という安心感を生み出すことにある。つまり、問題やリスクを包み隠すのではなく、オープンに話せる雰囲気を職場の中につくっていくことを目的としている。言い出しにくい、見て見ぬふりをするといった状態ではなく、「ちょっと待った。それってまずいのでは」という声が職場の中であげられるような状態をつくり出すわけである。

　こうした状態は、素朴な疑問を封じ込めない、いつもとは違う変化に気づいたら報告する、といったメンバーの日常行動によって維持されるが、こうした職場の状態の維持に大きな影響を与えるのは、管理者のマネジメント行動であることを銘記しておきたい。

　職場には、その職場独特の雰囲気や暗黙の基準があり、職場のメンバーは知らず知らずのうちに、それに見合った行動をとっている。こうした職場に根差した気風、見えざる掟のことを「職場風土」と言い、組織全体で見た場合には「組織風土」と呼ぶ。職場勉強会での話し合いは、長い目で見れば職場風土や組織風土を変化させていくための取り組みである。

　図表5-3は、組織風土に関する記述であり、職場の気風や暗黙の

掟に関する組織の状態の中で、特にコミュニケーションや情報共有に関連する状態を例示している。「望ましくない状態」と「望ましい状態」を対比して記載してあるので、自職場や組織の状態はどういった傾向があるのか、チェックしてほしい。

■ 図表5-3　組織風土のチェックリスト

望ましくない状態	✓	望ましい状態	✓
不都合な事実は隠されることがある		不都合な事実であってもオープンにする雰囲気がある	
ミスが発生しても大した問題でなければ報告しないことがある		ミスが発生したらスピーディに報告している	
マイナス情報は口に出せない雰囲気がある		マイナス情報であっても、言い出しやすい雰囲気がある	
自由に議論できる雰囲気がなく、発言しにくい		自由に議論できる雰囲気があり、発言しやすい	
職場の中ではあまり対話が行われていない		職場の中では対話が活発に行われている	
上司の意見・考えには絶対に逆らえない		上司の意見・考えであっても、間違っていれば指摘することができる	
間違っていることや不快な行為に対して「NO」と言えない雰囲気がある		間違っていることや不快な行為に対して「NO」と言える雰囲気がある	
管理者が望ましい行動のモデルを示していない		管理者が望ましい行動のモデルを示している	
情報伝達が滞っている		情報伝達はスムーズに行われている	
情報は個々人に偏在しており、共有しようとする姿勢がない		情報は組織の中で共有されている	
他人の仕事や動向に興味・関心がない		他人の仕事や動向に興味・関心がある	
相手の意見に耳を傾けず、互いの個性を尊重する雰囲気がない		相手の意見に耳を傾け、互いの個性を尊重する雰囲気がある	

4. 職場勉強会を効果的に運営するために

　ここでは、ケースを使った職場勉強会を効果的に運用するために必要な推進リーダーの養成、進行を支援するために整備するツール類などについて触れる。推進リーダーは、職場単位での議論や話し合いの進行を支援する役割をもち、こうした役割をもつ人々をディスカッションリーダーまたはファシリテーターと呼ぶ場合もある。

(1) ケースを使った職場勉強会を進める推進リーダーを養成する

　職場勉強会は、人によって意見が異なること、つまり、状況への意味づけやそもそもの想定が異なることを利用して、互いの理解を深めていく。また、感じ方や考え方の違いがあることを受容する中で、互いに共有すべき意味を探求し、発見していく。こうしたことを実現するためには、話し合いを進行する推進リーダーの役割が重要になる。

　担当部門が推進リーダーに対して何の支援も行わず、職場勉強会の実施を現場に委ねたとしたら、うまく機能しないだろう。業務の忙しさを理由にして、実施が先送りされることも考えられる。また、推進リーダーの意志や意欲に依存することになり、もし実施されたとしても、職場によってレベルのバラツキが生じる恐れもある。

　そこで、推進リーダーをいかに養成するかが課題となる。推進リーダーの養成人数は組織規模によって異なるが、職場勉強会の実施回数や一人の推進リーダーが現実的に対処できるメンバー数によって決まってくる。

　推進リーダーは、職場勉強会という場で話し合いの素材をうまく

活用しながら、メンバー相互の話し合いを活性化させる役割を担う。そして、職場勉強会を効果的に進行するための、勉強会の内容設計能力、その進行のためのスキルを習得することが求められる。推進リーダーの養成にあたっては、次の5つのねらいを意図した研修が必要になる。

【推進リーダー養成研修のねらい】
　①推進リーダーとしての役割意識を高める。
　②職場勉強会の模範的な進め方を受講者の立場から経験することによって、実際の進め方のイメージをつかむ。
　③効果的な話し合いの進行スキルを獲得する。
　④職場勉強会の話し合いの内容を設計する能力を養う。
　⑤話し合いを進行する能力を養う。

(2) 効果的に職場勉強会を運営するためのツールの整備

　ここでは、効果的に職場勉強会を運営する上で活用したいさまざまなツールを紹介する。ツールの整備は、推進リーダーの負担を少なくするための方策でもある。スムーズに職場勉強会を実施していくためには、ツールを整備して実施のハードルを下げることが求められる。また、用意周到に準備することによって、実施せざるを得ない状況にすることもできる。

①職場勉強会進行マニュアル

　進行マニュアルは、職場勉強会の進行を支援するツールであり、推進リーダーによって内容面でのバラツキが生じないように、実施にあたっての標準化を意図して作成する。職場勉強会実施のねらいや推進リーダーへの期待、標準的な進行スケジュール、進行のため

の具体的なシナリオやせりふ例などが含まれる。推進リーダーは、実施前に進行マニュアルの内容を確認することで、安心して職場勉強会に臨むことができる。

　なお、以下にあげる「ケース進行ポイント」と「ケース進行例」は進行マニュアルの中に含まれるものだが、ケースを活用した話し合いを進める上で重要なツールであるため、個々に取り上げておく。

②ケース進行ポイント

　ケース進行ポイントは、ケースを使って話し合いを行う際に、どのような観点から話し合いを行うのか、話し合いの中で必ず押さえるポイントは何かを明らかにしたものである。このケース進行ポイントの内容を事前に確認することで、自信をもって職場勉強会を進めることができる。ケース進行ポイントの構成要素を、図表5-4に示す。

■ 図表5-4　ケース進行ポイントの構成要素

①ケースの意図と話し合いのテーマ
　ケースの中で提示した問題状況において、意図していることや必ず話し合ってほしいテーマや討議のポイントを伝える。

②ケース状況の中で起こっている（発生しそうな）問題に関する情報

③ケースに登場する人物や想定されるステークホルダーに関する情報

④ケースの「問い」に関する想定回答例

⑤ケースに関連する行動規範・法令・規程

③ケース進行例

　初めてケースの進行を任されたときには、ケースを使ってうまく

話し合いを進めることができるか、あるいは、参加者からどのような意見が出されるかなど、何かしらの不安が生じるものだ。こうした不安を和らげるために、推進リーダー側からどのような問いかけを行ったらよいか、参加者側の具体的な意見や質問に対してどのように対応していくかを、話し合いの進行に沿った「進め方のシナリオ」や「想定される回答」を具体的に話し言葉で示したものがケース進行例である。実際の話し合いの流れを紙上で疑似体験することができるため、進行の感覚をつかむのに適したツールと言える。

■ **図表5-5　ケース進行例の具体例**

進め方のシナリオ	想定される回答	進行方法と留意点
では、今回の職場勉強会では、ケース1について考えてみましょう。		
あなたがAさんの立場だったら、どのように行動しますか？		ケース状況をふまえ、どのように考え、行動するかを問いかける。
では、これから3分間ほど、各自で考えてみてください。		
はい。時間となりました。○○さん、いかがですか。		順次、回答を引き出す。
	はい、私だったら、〜のように行動します。	
ご回答ありがとうございます。では、なぜそのように行動しようと考えたのですか。その理由について教えてください。		回答内容を受け止める。回答内容に基づき、発問する。

④ケースブック

　ケースブックは文字どおり、ケースを集めて冊子化した事例集のことである。さまざまなテーマのケースが盛り込まれ、身近な問題として考える機会を提供するツールである。内容は、ケース状況の提示、「考えてみよう」などの問いかけ、解説、関連する法令・規程・行動規範などで構成される。

⑤ケーススタディ用ケース

　ケーススタディ用ケースでは、提示された問題状況の中で問題定義を行い、その解決案を考え、原理原則を引き出すことをねらいとする。明らかな「外的な判断のものさし（法令や規則など）」に照らして、提示された問題状況で、どう行動すべきかを考えさせる場合には有効である。

⑥ケースメソッド用ケース

　ケースメソッド用ケースでは、ジレンマや葛藤が生じる状況をケース化し、当事者の立場で考え、他のメンバーと建設的な意見のやりとりを重ねることによって、倫理的な判断力や意思決定力を高めることをねらいとする。唯一絶対の正解がないテーマや、利害の異なる複数のステークホルダーが絡む複雑な状況でのテーマに取り組むことで、「自分だったらどう考えるのか」「それはなぜなのか」を徹底的に考えることを促す。

　ケースの具体的な進め方については、第6章で解説する。

⑦**映像ツール**

　映像ツールは、職場勉強会の開催の目的・意図を確実に伝えたいときやトップメッセージを伝達したいとき、問題発生状況を具体的

●第5章●組織に変化を引き起こす学習と職場勉強会の展開

に提示したいときなどに活用される。伝えたいことを確実に伝える、理解のレベルのバラツキを解消する、映像の特性を生かして具体的な状況を示したいときなどに有効なツールとなる。

⑧理解確認テスト、チェックシート

職場勉強会の中で、伝えた内容や話し合った内容の確認や理解したことの定着を促すために、理解確認テストやチェックシートを活用する。

■ 図表5-6　ケースを使った職場勉強会の実施に向けたツール整備

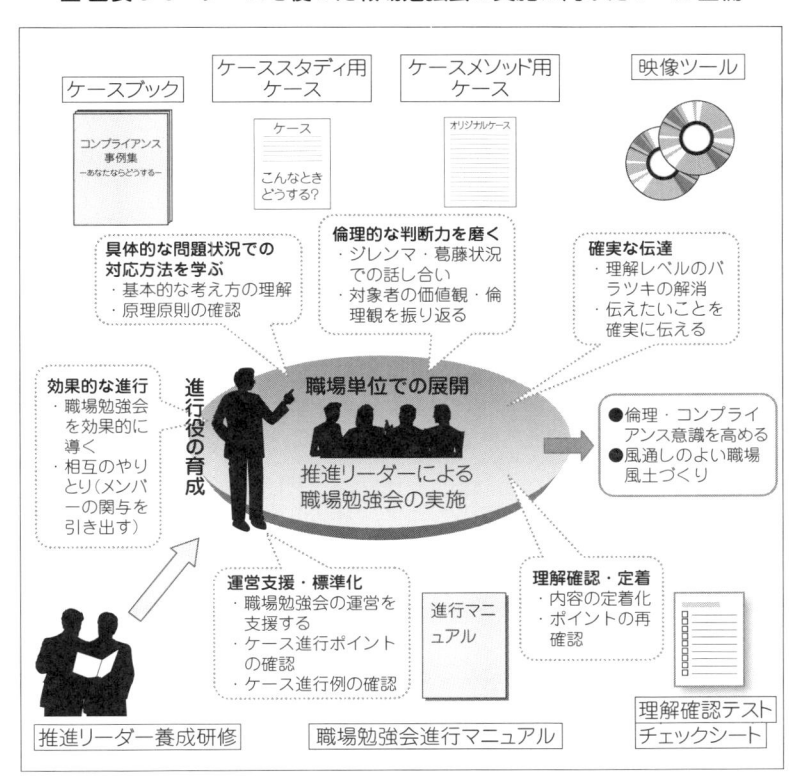

```
ケースブック          ケーススタディ用       ケースメソッド用        映像ツール
                      ケース                 ケース
コンプライアンス       ケース                 オリジナルケース
事例集                 こんなとき
-あなたならどうする-   どうする?

具体的な問題状況での   倫理的な判断力を磨く   確実な伝達
対応方法を学ぶ         ・ジレンマ・葛藤状況    ・理解レベルのバ
・基本的な考え方の理解   での話し合い           ラツキの解消
・原理原則の確認       ・対象者の価値観・倫    ・伝えたいことを
                        理観を振り返る          確実に伝える

効果的な進行           職場単位での展開        ●倫理・コンプライ
・職場勉強会           進                       アンス意識を高める
を効果的に             行                      ●風通しのよい職場
導く                   役                       風土づくり
・相互のやり           の        推進リーダーによる
とり(メンバ            育         職場勉強会の実施
ーの関与を             成
引き出す)

                      運営支援・標準化                理解確認・定着
                      ・職場勉強会の運営を    進行マニ    ・内容の定着化
                        支援する              ュアル      ・ポイントの再
                      ・ケース進行ポイント                 確認
                        の確認
                      ・ケース進行例の確認

推進リーダー養成研修    職場勉強会進行マニュアル    理解確認テスト
                                                  チェックシート
```

143

職場勉強会では、具体的なケースに基づいて、問題状況での対処方法や倫理的な判断や行動とは何かを探求することで、参加メンバーの倫理的な判断力や倫理意識を高めるとともに、メンバー相互の活発な話し合いや議論を通じて、風通しのよい職場風土づくりをめざしていく。

（3）活動展開のステップ

職場勉強会を効果的に運用するためには、計画づくり、推進リーダーの養成、ツールの整備、職場勉強会の実施、実施報告・振り返り、次の施策展開の検討といったサイクルを回していくことが必要になる。

職場勉強会を核とした活動展開のステップを図表5-7に示す。

■ 図表5-7　活動展開のステップ

計画づくり	展開のための土壌づくり	職場展開	報告・振り返り
・職場展開の計画 ・実施時期の調整 ・推進リーダー候補選定と任命	・推進リーダーの養成（研修等の実施） ・ツールの整備	・ツール配布 ・職場勉強会の実施 ・実施にあたっての支援	・実施状況の報告 ・全体実施状況の取りまとめ ・実施施策の振り返り ・組織の現状のモニタリング ・次の施策展開の検討へ

こうした活動展開のサイクルは、継続的に回していかなければならない。全体の実施状況を把握して振り返りを行うとともに、現場から出された意見や要望、実際にケースを使った職場勉強会を実施

した推進リーダーの意見などをふまえ、継続的な活動としてブラッシュアップしていくことが求められる。こうした活動を地道に継続的に行い、職場の中に息の長い活動として根づかせていくことで、個人の意識や職場風土を変化させていくことができるのである。

第3節 推進リーダーを核とした問題状況の把握とケース作成

1. 推進リーダーに求められる役割

(1) アンテナとしての役割

　推進リーダーは、その責任範囲の中で職場勉強会を開催し、話し合いのやりとりを通じて組織の中に学習を引き起こす役割を担うことは前節で述べたとおりである。ただし、推進リーダーの役割はそれだけではない。職場の問題事象をキャッチし、問題解決につなげるなど、感度の高いアンテナとしての役割も求められている。

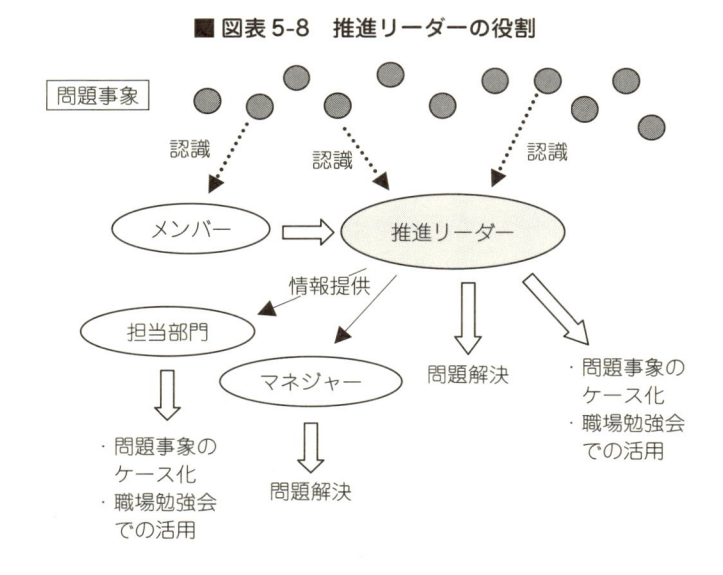

■図表5-8　推進リーダーの役割

もちろん、推進リーダーが直接的に問題事象をキャッチする場合と、メンバーがキャッチしたものを推進リーダーが取りまとめる場合がある。さらに、推進リーダーが問題事象をキャッチし、その問題解決を担う現場マネジャーや担当部門に情報を提供する場合もある。また、自ら問題解決にあたったり、問題事象を身近な問題としてケース化し職場勉強会で話し合いをすることも、推進リーダーの役割として考えられる。

　なお、現場マネジャーが推進リーダーの場合には、問題事象を把握し、直接的に問題解決に臨むことが求められる。現場マネジャーに求められる具体的な問題解決行動については、第9章で取り上げる。

(2) ケース化に向けた問題事象の収集

　前述したように、職場勉強会の話し合いの素材としてケースが活用されることは多いが、その調達を担当部門だけで担うのは労力がかかりすぎる。組織内で発生した問題事象や相談事例などをベースにしてケースが作られることが多いため、職場の問題事象をキャッチする推進リーダーは、ケース作成やその素材収集を担うのにふさわしい。また、職場の問題事象に着目する感度を高めるねらいもある。

　ただし、こうした活動を始めると、リアルな問題事象の報告に対して、現場の抵抗が発生する場合がある。担当部門は、そうしたデリケートな情報の取り扱いには十分に留意して、日ごろから推進リーダーと担当部門との信頼関係をはぐくんでいくことが必要である。

　また、当初から完成度の高いケース作成を期待するのではなく、

担当部門としては、あくまでも現場の情報やケース素材を収集することを主目的としておいた方がよいだろう。

ケースの素材となる情報を組織全体から集めることで、オリジナルのケースブック（コンプライアンス事例集）を作成するきっかけにもなる。推進リーダーからケース素材を集めることを定例化（年に1、2回）しておくことで、ケース素材が永続的に蓄積されるようにしたり、常に新しい情報に更新されるように工夫することも大切である。

2. ケース化に向けて問題事象をとらえる着眼点

問題事象や問題のテーマに着目することは、問題をとらえる上で重要である。具体性があるため、同じような問題がほかの職場で発生していないかどうか、チェックしたり振り返ることができる。問題事象のチェックについては、第9章の233〜236ページを参照してほしい。

問題事象をケース化して学習に活用する場合に、問題事象のとらえ方に留意しなくてはならない。典型的な問題事象や自己の視点が中心となった事象ばかりで、他者の視点からの事象がなかったりすると、ケース化する際に偏りが生じてしまう。

ここでは、ケース化に向けて問題事象をとらえる際の視点と考え方をいくつか提示する。

（1）行動規範の視点で考える

問題事象を認識する際には、自分の認識に偏りがないかどうかを

考える必要がある。ケース化する際に取り上げられることが多いテーマは、情報セキュリティに関する事項、個人情報保護、セクハラ、パワハラなどであろう。企業倫理やコンプライアンスに関する問題事象をとらえる際には、身近なテーマや法令違反だけに着目すればよいわけではない。

　ケースを使って考える目的をもう一度思い起こしてみよう。目的は、問題が起こったときにどう対応するかを学んだり、対応方法を確認することだけではない。さまざまなケース状況の中で考え、それも自分一人で考えるのではなく、他者の考えや想定に触れることで、ぶれない判断や行動の基軸を磨くことにある。そうしたぶれない判断や行動の基軸として制定されているのが、行動規範である。

　したがって、ケースを使った話し合いの落としどころとして、行動規範の条文に立ち戻ることを考えたい。ゆえに、問題事象をとらえる着眼点を、自らの組織の行動規範に求めたいのである。

■ 図表5-9　行動規範の視点で考えるための問い

Q. 行動規範に則った行動や考え方がとられているか
Q. 行動規範から逸脱するような行動や考え方はとられていないか

　ただし、練り込んでつくられていない行動規範や狭い領域で設定されている行動規範では、問題事象をとらえるためのヒントにならないかもしれないので留意されたい。

(2) ステークホルダーの視点で考える

　私たちが行動したときに、その行為がだれ（どこ）にどのような

影響を及ぼし、どのような結果をもたらすのか。私たちは影響を受ける側に立って、自らの行為について判断しなければならない。ここでは、影響を受ける側として、顧客・消費者、株主、取引先、従業員、地域社会などのステークホルダーの視点に立つことで問題状況をとらえるのである。

　顧客・消費者、株主、取引先、従業員、地域社会といったときに、漠然とした具体性のない集団として考えてしまうと、自らの行為の影響についても、漠としたとらえ方しかできなくなる。個々人の具体的な顔を思い浮かべながら、見知った人の事情を想定しながら、影響を受ける側の立場に立たなければならないのである。私たちは、優先しがちな組織の立場や自分の立場を脇に置いて考えなければならない。

■ 図表5-10　ステークホルダーの視点で考えるための問い

Q. [　　　　　] に対して、不利益を与えていることはないか

Q. [　　　　　] に対して、迷惑や負担となっていることはないか

Q. [　　　　　] に対する行為の中で、正さなければならないと思っていても、変えられないことはないか

Q. [　　　　　] に対する行為の中で、組織の中では慣習となっているが、見過ごせないものはないか

＜考えるポイント＞
[　　　　　] には、顧客・消費者、株主、取引先、従業員、地域社会を順次当てはめて考えてみよう。
その際に、個々人の具体的な顔を思い浮かべながら、見知った人の事情を想定しながら考えてみよう。

(3) 問題事象を「利益・不利益」の着眼点から考える

　前項では、影響を受ける側の立場に立って、自らの行為を考える必要性について触れた。私たちは、自分では良かれと思って行った行為が他者にとって悪影響を及ぼすことがあることも考えて判断しなければならない。ここでは、自らの行為を「自己にとっての利益・不利益」「他者にとっての利益・不利益」という観点からプロットしてみることで、問題事象をとらえていただきたい。

　縦軸に自己にとっての利益・不利益、横軸に他者にとっての利益・不利益を設定している。自己は、行動の主体者である自分もし

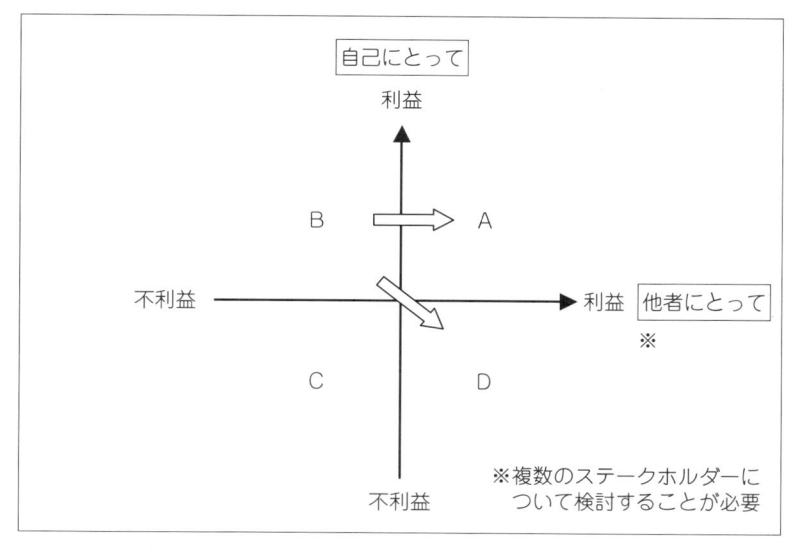

■図表5-11　「利益・不利益」の着眼点

```
                  自己にとって
                      ↑
                     利益
                      │
                  B   │→  A
                      │↘
  不利益 ────────────┼──────────→ 利益   他者にとって
                      │                      ※
                  C   │   D
                      │
                    不利益
                              ※複数のステークホルダーに
                               ついて検討することが必要
```

　　自己にとって利益、他者にとって利益……A象限
　　自己にとって利益、他者にとって不利益……B象限
　　自己にとっては不利益、他者にとって不利益……C象限
　　自己にとっては不利益、他者にとって利益……D象限

くは自らの組織を指す。また、他者は、行為の影響を受ける相手もしくはさまざまなステークホルダー（顧客・消費者、株主、取引先、従業員、地域社会など）を指す。

　ここで取り上げる「利益・不利益」は、経済的・金銭的な利益だけを指すのではない。自己にとってその行為がためになるのか、ならないのか。他者にとってその行為がためになるのか、ならないのかという意味を含んでいるものと考えていただきたい。

　図表5-11では、Ａ象限にプロットされる行為が、自己にとっても他者にとっても望ましいということになる。しかし、同じ行為でも、特定のステークホルダーにとっては利益になることが、別のステークホルダーにとっては不利益になることもある、ということについて配慮しなければならない。

　Ｂ象限は、自己にとっては利益となる行為も、他者にとっては不利益となる場合があるというものである。しばしばこうした状況が、倫理的な問題、コンプライアンス上の問題として取り上げられる。

　他者にとっての利益を考えるならば、Ｂ象限からＡ象限へ、Ｂ象限からＤ象限にプロットされる行為を考える必要がある。Ａ象限への移行は自己の利益が保たれるので問題はないが、Ｄ象限では他者の利益を考慮したために、自己は不利益を被ることになる。倫理的な判断を求められるとき、自己が不利益を被ってまで他者の利益を尊重することができるかが、判断する上での葛藤の要因となる。

　問題事象をとらえる際には、次にあげる問いかけを行って、自己の利益だけを追求するために、「他者の不利益を生み出している行為はないか」「慣習的に行われていることはないか」を洗い出してほしい。

■図表5-12 「利益・不利益」の視点で考えるための問い

> **Q.** 自己にとって利益となる行為でも、他者にとって不利益となる行為はないか
>
> **Q.** 自己にとって利益となる行為でも、他者が不利益を被ることを前提としている行為はないか
>
> **Q.** 他者の利益を尊重することで、自己が不利益を被る行為は認められるか

　ここでは、ケース化に向けて問題事象をとらえる際の視点について見てきた。こうした視点を身につけることはケースづくりだけでなく、問題状況に直面し、倫理的な判断力を発揮するときにも役立つはずである。

第6章
ケースによる学習

第1節 ケースによる学習とは

　企業倫理やコンプライアンスの推進においては、ケースを用いた教育・研修が効果的であるとよく言われる。本書でも、ケースについてはこれまでに何度か触れてきた。

　本節では、「ケースによる学習（ケース学習）」に焦点を絞って、ケースの種類や、企業倫理の推進になぜ有効なのかを検討する。

1．実例の活用とケース学習

　教育・研修でケースを用いる場合、比較的よく行われるのが、研修の導入場面などで企業不祥事に関する報道や自社で発生した出来事などの実例を取り上げ、受講者の感想を求める方法である。

　ただし、このような実例を用いる方法は、受講者の興味・関心を引きつけ参加意欲を高めることには役立つが、意図的な学習とはやや異なる。実例を通じて考え、意見を述べる過程で"気づき"があれば学習は起こるが、その内容や到達点をあらかじめ設計しておくのは難しい。また、それにかなう実例もなかなか存在しない。

　これに対して学習目標を明確に意図し、そこに到達するための内容や主題を含んだケースを作成して教材として用いる学習方法がある。一般に「ケース学習（事例研究）」と呼ばれるものである。ここでのケースは、実際の出来事をそのままケースとして文章化することもあるが、意図した学習目標に到達するために何らかの加工を施すことが少なくない。時には、まったくの創作で書き起こされる

こともある。

2. ケーススタディとケースメソッド

ケース学習は、「ケーススタディ」と「ケースメソッド」に分類される。両者は、ケース教材の用い方や効果などが異なっているため、学習内容や場面によって使い分ける必要がある。

(1) ケーススタディによる学習

「ケース学習」と言うとき、私たちが比較的イメージしやすいのは「ケーススタディ」と呼ばれる方法である。これは、記述されたある事象について第三者の立場で考え、適用すべき原理原則や、その適用の仕方を知ることを主なねらいとするものである。

「ケーススタディ」で用いるケースとは、たとえば次のようなものである。

> X社の営業担当Aさんは、取引先Y社の担当者B氏から次のようなクレームを受けた。
> 「先日購入した製品Qを使用したところ、Qが予想外の動作をして軽いケガをした」。
> 製品Qは、業務提携しているZ社によるOEM供給の製品をX社のブランドで販売しているものである。
> 問1：AさんがB氏に確認すべき事項は何か。
> 問2：製品Qに欠陥があった場合、Y社への責任はだれが負うか。

このケースは、「製造物責任法（PL法）」の理解を深めるために用いることができる。その場合、問1、問2いずれにも模範解答がある。問1は「製品Qを取扱説明書どおりに使用したかをまず確認する」、問2は「Y社に対する責任は、X社とZ社が連帯して負う」となるだろう。

　この解答を見つける過程を通じて、問1では製造物責任法における「欠陥」の定義、問2では責任主体となる「製造業者等」の範囲を確認し、理解することとなる[1]。

　このようにケーススタディは基本的に模範解答があり、受講者は設計された過程をたどることで知識を得、理解を深めていくことができる。

　ケーススタディは、通信研修やe-Learningなどの個人学習においても、また、集団的に行う集合学習の場においても用いることができる。

(2) ケースメソッドによる学習

　ケーススタディが「ケースで学ぶ」方法だとすれば、ケースメソッドはケースを通じた「討議で学ぶ」方法である。受講者はケース状況の当事者の立場で考えることで模擬体験をし、思考や判断の訓練をする。さらに他の受講者との討議を通じて、互いに影響し合いながら学習していくこととなる。企業倫理におけるケースメソッド学習の目的は、「討議を通じて、倫理的な思考を深める」ことにあると言えよう。

　ここでのケースは、たとえば以下のようなものになる。

> 　X社の営業担当Aさんは、規模は小さいが長年の得意先であるY社の担当者B氏から次のようなクレームを受けた。
>
> 　「先日購入した製品Qを使用したところ、Qが予想外の動作をして軽いケガをした人がいる。至急当社に来て、原因を調べてほしい」。
>
> 　しかし、Aさんはこの日、大企業T社と大きな契約を結ぶため遠方に赴く予定である。Y社に行くとすれば、T社に予定を変更してもらわなけばならない。その場合、T社の契約がとれなくなる可能性も大いにある。
>
> 　事務所に連絡したところ、上司は出張中ですぐには連絡がとれず、メンバーは全員外勤で、だれかに代わりを頼むのは難しい状況である。
>
> **問**：Aさんは、Y社に対してどう行動すべきか。

　このケースでは、模範解答は想定されていない。「Y社に行く」「Y社には行かず、契約の予定を優先する」、いずれの選択もあり得る。あるいは、別の可能性もあるかもしれない（ただし「上司に判断を仰ぐ」という意見に対しては、「それでは、あなたがAさんの上司だったらどう判断しますか？」と問うことになるだろう）。

　このケースによる討議では、「Y社に行く、行かない」の議論から発展して、「顧客の安全か、（契約という）約束と利益か」を考えることができる。もちろん、いずれも重要である。さらに「大きな契約」の向こうには、X社の製品を待っている新たな顧客を見いだすことができる。また、「営業人員の適切な配置」といったことを含むマネジメントの問題に発展させることもできるだろう。

ケースメソッドによる学習では、結論つまり解答そのものよりも、そこに至るまでの討議の過程と内容が重要である。討議の論点や学習内容はあらかじめ意図しておくべきだが、実際の討議がどのようなものになるかは、そのときどきによって異なってくる。

　ケースメソッドは、原理原則などの知識を得るよりも思考の訓練に適した学習方法である。集合学習を前提とし、講師の適切なリードと受講者の主体的な参加態度が必要になる。ここでのケースは、効果的な討議を呼び起こすための、いわば「触媒」である。

　こうした「ケーススタディ」と「ケースメソッド」の特徴を整理すると、図表6-1のようになる。

■図表6-1　企業倫理におけるケーススタディとケースメソッドの特徴

	ケーススタディ	ケースメソッド
ねらい	事例を通じて、原理原則とその適用の仕方を知る	討議を通じて、考え方や判断の訓練をし、思考を深める
ケース	比較的短文で、学習者の思考過程を設計している	比較的長文で、さまざまな解釈や討議を引き起こす内容を意図的に盛り込む
解答	模範解答とその根拠が想定されている	解答とその理由は複数ありうる
学習者の姿勢	第三者の立場で客観的に分析する	ケースの当事者の立場で考え結論を出す
活用場面	知識を習得し、適用方法を理解する	倫理的な思考を深め、価値観を共有する
活用方法	個人学習、集合学習で使用	講師の適切な進行に基づき集合学習で使用

3. 企業倫理の推進とケース学習

このようにケース学習には、ケーススタディとケースメソッドの2つがある。それぞれの特徴をふまえて大ざっぱに言えば、コンプライアンスの徹底にあたってはケーススタディを、企業倫理の推進においてはケースメソッドを活用するのが適切である。以下、その理由を考えてみよう。

(1) コンプライアンスの徹底とケーススタディ

コンプライアンスの徹底においては、まずは法律や規則の定めるところを知り、それをどのような場面で、どう適用すべきかを理解することが必要である。「このような場面では、このように対応することが望ましい」ということを確認し、行動に転化させるための学習方法としてケーススタディは役に立つ。

ここでのケースは、比較的シンプルな構造でよい。理解させたい規則について、それを適用すべき状況を記述することがケース作成の基本となる。

ケーススタディによる学習は、講師から受講者に「知識」という情報を伝達することが基本となる。したがって、講師は学習内容について、受講者以上の情報をもっていることが必要になる。ケースは、講師が伝えようとする「知識」を「具体的な事象」に置き換えたものであり、受講者は「具体的な事象」を「知識」に再び置き換える作業を通じて、理解を深めていくのである。

(2) 企業倫理の推進とケースメソッド

一方、企業倫理の推進においては、ケースメソッドによる学習が効果的である。具体的には、次のような点があげられる。

①自らの「原則」とその偏りに気づく

私たちは第1章で、コンプライアンスでは「規則」が、倫理においては「原則」が判断のよりどころとなることを確認した。そして倫理の原則はさまざまにあり、何をどのように適用するかは本人が主体的に考える必要があった。

ケースメソッドによる討議を行うと、お互いがどのような原則をよりどころにし、なぜそれを適用しようとするのかが次第に明らかになる。さらに、自分の思いを言葉にし、相手の主張を聞く過程の中で、自らのものの見方や考え方の偏りに気づいていくことになる。

そしてしばしば、自分や組織が「自己の利益を最大にする」という原則にいつの間にか偏っていたことに気づき、それでよいのかと問い、考え直す機会にもなる。

②ジレンマに向き合う

倫理的であろうとするためには、ジレンマや二律背反的な葛藤と向き合い、これを適切に解決していかなければならない。倫理の原則はさまざまで、ステークホルダーの要求も一様ではなく、企業倫理は「利己性と利他性の統合」を求める。こう考えると、そもそも私たちは日々ジレンマの中にいるということがわかる。この事実を知ることから「倫理的である」ことは始まるのかもしれない[2]。

ケースメソッドによる討議は、この「ジレンマ」をケースによっていや応なく突きつけ、結論を出すまでの葛藤を疑似体験させるこ

とになる。ジレンマに向き合い、主人公の立場で悩み、足して2で割る式でもなく、その場しのぎでもなく、他者と討議しながら考え抜いて結論を出すという体験が、現実の二律背反的な葛藤状況で役に立つ「思考の訓練」となる。

③問い、考え、理由づけて決める

　倫理的であるためには、自ら「問い、考え、理由づけて決める」ことが大切であった。

　ケーススタディでは、解答の根拠となる理由、すなわち原理原則があらかじめ想定されており、それを見つけだすこと、適切に用いて結論を得ることが重視される。考えることは探すことに近く、議論は知恵をもち寄って「隠された模範解答を見つける」内容になりやすい。

　一方、ケースメソッドでは、何を理由とするかは参加者に委ねられている。討議を通じて自らの理由を深く掘り下げたり、改めたり、「問い、考える」ことも行き来しながら「理由づける」ことの大切さや難しさを実感する。この実感が、理屈ではなく習慣として「問い、考え、理由づけて決める」姿勢を受講者にもたらしていく。

④組織の価値観を共有する

　ここまであげてきたケースメソッドの意義は、どちらかと言えば参加者個人への働きかけが中心であった。したがって、ある個人が外部のセミナーなどでケースメソッドの討議に参加したとしても、上記のような効果は期待することができる。

　一方、組織内や職場でケースメソッド教育を実施した場合には、さらに別な効果も期待できる。それは「組織の価値観を共有する」ことである。

企業倫理の推進においては、判断のよりどころとしての「組織の価値観の共有」が必要であった。ケースメソッドによる討議は、参加者個人だけではなく、討議に参加している集団がもっている価値観をあらわにし、あらためて確認したり、問い直すきっかけになる。討議を通じて倫理綱領や行動規範との関連づけができれば、そこに示された「原則」に基づいた具体的な行動を理解し、体得することにもなるだろう。

第2節 効果的な討議のために

　ケースメソッドによる学習は、「ケース」「講師（ディスカッションリーダー）」「参加者」という三者の共同作業で成立する。参加者には主体的な参画姿勢や互いを尊重し協力し合う態度が求められるが、こうした姿勢や態度を引き出すのは講師の重要な役割である。また、学習の場を設けるまでの担当部門の働きかけも大切である。

　本節では、「参加者の"より望ましい姿勢や態度"を引き出す」ことも念頭に置きつつ、ケースメソッド学習をより効果的に実現するための「ケースづくり」と「講師の役割」について考えてみよう。

1．討議を起こすケースの作成

（1）ケース作成にあたっての検討事項

　企業倫理の推進においてケースメソッド学習を実施する場合、ケースをどう用意するかがポイントになる。社内の問題状況などを素材にケース化していく場合が多いが、具体的なケース作成の要点に入る前に、比較的よくあげられる疑問について検討しておこう。

①「身近な状況」でなければならないか
　これは、「ケースの状況設定は、業種や業務内容に合わせなければならないか」「自社固有の状況を描かなければならないか」という疑問である。

たとえば、「機械メーカーでの教育・研修で、小売業の販売現場を舞台にしたケースは使えるか」ということになるが、ケースメソッドによる討議のねらいから考えれば、必ずしも「身近な状況」である必要はない。むしろ、日常とはまったく異なった状況設定に身を置いて、つい思い起こしてしまう現実的な制約やしがらみから自由になって考えてみる、という経験にも意味がある。

　ただし、異なる状況に身を置くということは、それだけの想像力を必要とし、負荷がかかる場合がある。したがって、たとえば時間に限りのある「職場勉強会」などの場では、状況を理解するのにエネルギーが向かい、議論の主題に入りにくくなる恐れがある。逆に、自社や自らの職場がモデルになっていれば主人公に自己投影しやすくなり、何が問題なのか、なぜ困っているのかも実体験に基づいて共感しやすい。

　ケースの状況設定は、基本的には自社の業務内容や固有の状況にとらわれる必要はないが、状況の理解に時間や労力をかけられない場合や、日常と離れた設定では受講者の共感を引き出しにくい場合は、自社をモデルにするのが現実的だろう。

②「長文」の方が適切か

　ケースメソッドのためのケースでは、多様なものの見方を引き出して討議を活性化させるために、意図的に葛藤状況を引き起こさせる背景や情報が必要になる。そのため、どうしても文章量が長くなりがちになる。

　ただし、長文のケースを用いなければケースメソッドはできないか、と言えば必ずしもそうではない。極論すれば、「人を助けるために、ウソをついてもいいか」という一文だけでも、私たちは討議することができる。

ケースが長くなれば当然、考えるべき要素が多くなり、複雑度は増す。その複雑さは、組織で言えば、階層が上になるほど多くの要因を考慮して難しい意思決定をしなければならなくなることに近い。また、ケースは長くなるほど、理解するのに時間がかかる。たとえばA4判1枚（1000〜1200文字程度）の場合、初めて読むケースを理解するのに7〜8分程度はかかると考えておきたい。

　こうしたことを考慮し、組織内で教育・研修を実施する場合の現実的な時間配分を考えると、より複雑な意思決定を迫られることが多い管理職層以上の階層などが対象の場合は、A4判1枚程度を目安とした比較的文章量の多いケースを用いたい。また、職場勉強会など時間の制約がある場合は、その半分弱ぐらいのボリュームのケースが適切だろう。

③「専門的知識」は必要か

　自社固有の状況をモデルにしてケースを作成すると、業務上の専門知識や経験が、ケースにおける意思決定にかかわってくる場合がある。ケースを用いる対象者が限定されて皆が専門知識をもっている場合は問題ないが、そうでない場合は専門的な知識の有無にかかわらず倫理的な原則や意思決定を主題とできるよう、詳細すぎる情報はあえてカットすることも必要である。

　意思決定に専門知識が必要なケースでは、討議が「専門知識をいかに用いて問題解決するか」という方向に向いてしまいがちであり、「倫理的な思考を巡らす」という本来のケースメソッド学習の趣旨から離れた内容になってしまう可能性がある。

(2) ケース作成の要点

職場の問題状況を基点に、ケースメソッド用ケースを作成するには、どのような点を押さえておけばよいのだろうか。いくつかの要点を順を追って見てみよう。

①状況と問題を整理する

自社内でケースを作成する場合の素材は、「このような状況は問題なのではないか」「過去、このような出来事があった」といった実体験がもととなる場合が多い。

このように「何らかの問題意識に基づいて抽出された状況」は、一度、「状況（事象）」とそれが示している「問題」とに整理すると、ケース化の方向が見えてくる。特に「ケース集」などの形である程度の数のケースをまとめて作成する場合は、この段階で一覧にしておくとケースの偏りや抜けをチェックすることもできる。

たとえば、以下のような記述をすることができる。

> **状況**：営業担当者がクレーム処理を後回しにして、なかなか対応しない。
> **問題**：顧客を大切にしていない。

この情報をもとにケースを描き、「顧客は大切にしなければならない」と結論づけても、実際にはなかなか共感を得ることは難しい。なぜなら、「頭ではわかっているが、できないものはできない」という感情を招きやすいからである。

②「できない理由」に目を向ける

そこで、行為の是非はひとまず置いて、「なぜ、できないのか」を本人の立場や気持ちになって深く考えてみる。ここを掘り下げることで、「疑似的な葛藤状況」になる素材も見えてくることがある。

たとえば、このようなことがあるだろう。

・クレームを処理しても、売上にはならず評価されないから。
・目標達成への圧力がきつく、無駄なことはできないから。
・担当顧客が多すぎて、突発的なクレーム対応まで時間的に処理できないから。

もしも、こうした「本音」が営業担当者の側にあるとしたら、ケースメソッド学習の場で討議すべき主題は、「利益や目標達成と顧客の安全や信頼とが相反する場合、どちらをなぜ優先するか、あるいはどうやって折り合いをつけるか」ということになる。

③ステークホルダーを織り込む

「状況」と「理由」によってケースの骨格はできるが、より議論を深めたり視野を広げるためには、「関連するステークホルダーを複数織り込む」ことも大切である。

先のケース素材では、次のようなステークホルダーが考えられる。

・クレームを訴えてきた顧客
・契約成立が間近で、売上に結び付きそうな顧客
・顧客を通じて自社製品を使用する人々
・不在がちの上司
・なかなか協力し合えない職場メンバー

ほかにも、「原材料の供給元」や「地域社会」まで関係者を広げられれば、ケース討議の要素も多くなる。

④倫理の原則について考える

ケースメソッドによる討議は本来、受講者の主体性に任せた自由なものであってよいが、議論を通じてどのような学習を期待し、実現しようとするのかは定めておかなければならない。ケースを作成するときから、学習の意図とそれを可能にする主題を明らかにしておく必要がある。

企業倫理のケース作成では、「状況」「理由」「ステークホルダー」について検討している時点で、すでに何らかの「倫理の原則」に触れていることが多い。それは、「自己の利益か、他者への配慮か」であったり、「より多くの人々の利益を得る」ことであったりする。

このように、すでに企業倫理のための学習主題を含んでいるケースを討議の場でさらに効果的に活用するためには、「このケースは、どのような倫理の原則にかかわっているのか」の視点から検証し、「どのような議論を期待しているのか」の論点を情報としてまとめておくのが望ましい。

さらにこのような検証を通じて、ほかにも盛り込んでおきたい「原則」が見つかるかもしれない。

たとえば、「少数者や弱者の利益にも配慮する」という原則も論点に加えるとすれば、先のケース素材に次のような要素を加えることができよう。

・クレームを訴えてきた顧客は、小規模の得意先である。
・契約成立が間近で売上に結び付きそうな顧客は、大企業である。

⑤倫理綱領や行動規範と関連づける

　ケース作成が自社の企業倫理を推進するためのものである以上、判断のよりどころとなる倫理綱領や行動規範とどのように関連づけられるか、このケースではどの条文がよりどころになるかといった事項は、ケース状況を整理する初期の段階から意識し続けていたい。

　ケースを複数作成する場合には、倫理綱領の項目に沿って素材となる状況を取捨選択していくとバランスがとれる。また、条文との関連づけを講師（ディスカッションリーダー）向けの情報としてまとめておくと、討議の進行やまとめの際に役立つこととなる。

　以上、ケースメソッドのためのケースを作成するための検討項目をいくつかあげた。ただし、状況設定や盛り込むべき要素を検討する際には、多様な問題意識や柔軟な発想も必要である。ケース作成においては、なるべく多くの人の知恵と経験を集めながら完成をめざすのが望ましい。

2. 討議を深めるディスカッションリード

　ケースメソッドによる学習を効果的に実施するには、ケースという討議素材もさることながら、講師による適切な支援と進行が重要である。

　実際の社内展開においては、担当者が講師を務めることもあれば、各職場の推進リーダーが「職場勉強会」の中で講師役を担うこともあるだろう。

（1）ディスカッション進行における講師の役割

ケースメソッド討議はさまざまな教育テーマで活用されているが、企業倫理の学習のために用いる場合、講師は次のような点に留意しておきたい。

①「教授する」よりも「支援する」「導く」

一般的に「講師」というと、「知識が豊富で、教え授ける人」というイメージがあるが、ケースメソッドでは知識の量はそれほど問われない。もちろん、事前準備としてケースを読み込み、背景状況などの基本的な事項を理解しておくことは必要である。しかし討議の場では、何かを「教え授けよう」とするのではなく、受講者自身がもっている「学ぶ力をいかに引き出すか、支援するか」が講師の役割であると理解し、ふるまうのが適切である。

②結論よりも理由を重視する

ケースメソッドによる討議は、1グループ数名程度が望ましく、参加者数がそれ以上の場合は、2グループ以上に分ける方がよい。その場合、討議は「ケースを読む→グループで討議して結論を出す→全体で発表し、さらに討議する→まとめ」といった流れになる。

討議をしていると、どうしても従来の思考習慣から「結論の良し悪し」に意識が向いてしまいやすい。しかし、企業倫理におけるケース討議の意義は、結論よりはむしろそこに至るまでの討議の過程の中で「何を問い、どう理由づけたか」にある。

講師はこのことを特に意識し、グループ討議や全体討議の場面でより深い理由づけがなされるよう、討議に適宜介入し、適切な質問をするなどして支援することが望まれる。

③問題解決と倫理的な思考訓練とを区別する

　企業倫理におけるケースメソッド学習の目的は、「討議を通じて、倫理的な思考を深める」ことにある。ところが、そうした意図をもってケースを用意したにもかかわらず、実際の討議になると「この状況でいかにうまく問題解決するか」という方向に議論が向かってしまうことがある。その結果、得られた結論は現実的で要領がいいとしても、倫理的な原則に思考を巡らせ、いかに適用するかを考えるといった、本来期待していた討議が十分に行われないこともあり得る。

　ケースには何らかの問題状況が記述されており、その状況に対して「どう行動すべきか」の対応を求める設問がなされることが多い。企業倫理のための学習を意図しているのであれば、問題解決する中で、ステークホルダーにどのように配慮したか、その結論は倫理の原則をよりどころにしてどこまで説明できるか、倫理綱領や行動基準は活用されたか、といった点に重きを置いて質疑応答し討議を進行させていくことが必要である。

(2) ディスカッションリードの3要素

　ケースメソッドにおいて、ディスカッションを適切にリードし、効果的な学習を生み出すために求められる要素には、以下の3つがあると言われている[3]。

①フレーミング

　フレーミングとは、「ケースの論点はどこにあるのか」「どのような討議を通じて何に気づかせようとするのか」を明らかにし、ある程度設計しておくことである。

ケースメソッドによる討議は、基本的には受講者が主体になって進行するが、意図した学習目標に到達させるためには、討議が脱線しないよう講師が新たな質問を行い、適切なまとめをすることが大切になる。そのためには、事前準備が欠かせない。

　こうした事前準備は本来、講師がケースを読み込み、自ら行うべきものである。ただし、職場の推進リーダーなどが多忙な中で講師役も担う場合は、担当部門がケースとともにその論点や効果的な質問、まとめのポイントなどの資料を作成して、推進リーダーの支援をすることも必要だろう。

②ファシリテーティング

　ディスカッションの進行において講師に最も期待される役割は、ファシリテーションをすることだろう。これは、活発な討議を生み出し学習の効果を高めるために、講師が受講者を支援していくことを意味する。

　具体的には、受講者が発言しやすくなるように質問を投げかけたり、理解を助けるために意図的に確認するなどがあげられるが、このとき講師は、「教授者」というより「支援者」としての役割を果たすことになる。

　ファシリテーションは教育・研修だけではなく、効果的な会議運営にも必要なスキルとされており、講師に限らず「参加者同士、いかに互いに支援し合うか」が、研修や会議の場の成果を左右するとも言われている。

③トラッキング

　ファシリテーションは会議も含めた討議進行に役立つスキルだが、ケースメソッド学習においては、設定した学習目標に到達するため

に「受講者の主体性を尊重しつつ、適切な方向へ誘導する」ことが必要である。これが「トラッキング」である。

トラッキングは、討議そのものを誘導しようとするのではない。受講者に新たな視点を提供することによって、受講者が別の論点に気づくのを助けることである。それは、フレーミングの際に検討した「ケースの論点」や「何に気づかせるのか」といった、ケースの作成者や講師が本来意図していた目標に到達するのを助けることとも言える。

(3)「問う」ために

企業倫理の推進においては、「自分や組織の考え方の偏りに気づき、多様な原則の存在を思い起こす」ことが大切であった。ケースメソッドによる討議でも、このような気づきが受講者に、そしてその「場」に生まれることが望まれる。

そのために、ケース作成の過程では主人公の「できない理由」に踏み込み、「倫理の原則」を振り返り、倫理綱領や行動規範などの「組織の価値観に基づいた原則」について考慮した。それは、できるだけさまざまな理由や原則をケースの中に埋め込んでおくことで、受講者それぞれの考え方や理由づけのあり方を引き出すためである。

こうしたケースを活かし効果的な学習を生み出すためには、講師もまた、自らの内にある多様な原則に気づいていることが望まれる。そして一見、反論ともとれるさまざまな問いを積極的に投げかけることで、受講者が自らを問うきっかけをつくってほしい。それは、これまで当然のように用いていた原則や、それに基づく考え方、理由づけの仕方について、「それでよかったのか」と考える機会をつくることである。

こうして、問い、考える対象が「状況」ではなく「自ら」になったとき、他者の存在や適切な行動、自己を制御することなどへの深い理解が始まることになると思われる。

注釈

（1）　本ケースでは、問1の「欠陥」の定義については製造物責任法第2条第2項、問2の責任主体となる「製造業者等」の範囲については同法第2条第3項第2号を確認することを意図している。
（2）　水谷雅一は、「ジレンマの知覚が倫理的であることの第一歩である」とし、それを適切に解決するために必要な3つの視点をあげている。
　　　水谷雅一『経営倫理学の実践と課題』白桃書房（1995）p.91-104
（3）　高木晴夫は、ディスカッションリードを「討議を通して学ばせる」行為とし、ファシリテーションとは明確に区別した上で、ここにあげた3つのスキルが必要であるとしている。
　　　高木晴夫・竹内伸一『実践！ 日本型ケースメソッド教育』ダイヤモンド社（2006）p.30-33

参考文献

- 梅津光弘『ビジネスの倫理学』丸善（2002）
- 高木晴夫・竹内伸一『実践！ 日本型ケースメソッド教育』ダイヤモンド社（2006）
- 水谷雅一『経営倫理学の実践と課題』白桃書房（1995）
- リン・シャープ・ペイン著、梅津光弘・柴柳英二訳『ハーバードのケースで学ぶ企業倫理』慶應義塾大学出版会（1999）

第 7 章

倫理意識と
マネジメント

第1節 倫理意識の源泉

　本章を含む残り3章では、倫理的な組織をつくるためのマネジメント、つまり組織管理のあり方について考えてみることにしよう。
　もちろん倫理的な組織づくりのためには、企業倫理の担当部門による直接的な活動が重要であることは言うまでもない。しかし、その努力は、組織のマネジメント・システムや現場のマネジメント行動との連携があってこそ、より確実な成果につながる。したがって担当部門は、マネジメント全般を統括する部署や現場のマネジャー、あるいは、場合によっては経営者に向けても影響力を発揮していかなければならない。本章以降では、その際に必要となる知識や実務情報が提供される。
　また、本書は企業倫理の担当部門の人たちに加えて、組織の経営や現場のマネジメントに携わる人たちなど、多くの実務家を対象にしている。そしてマネジメントは、おそらくそのすべての人たちが関心を寄せているテーマであろう。

1. 倫理意識とは

　さてその手始めに、まずこの章では、私たちの「倫理意識」の源泉や成り立ちについて考えてみることにしよう。それは一見マネジメント実務からは遠く離れた、極めて哲学的あるいは心理学的な努力のように感じられるかもしれない。しかし、後の展開（第8章と第9章）で明らかになるように、実務に役立つ知恵は、むしろこの

ような、人間に対するごく基本的な関心からもたらされるものである。

たとえば私たちの内面に、「倫理意識」や「倫理感」と呼ばれるものがどのように芽生え、そして、どのように存在するのだろうか。それは、もっぱら自己の利益を追求しようとする「欲求」とはどのような関係にあるのだろうか。そしてまた、仕事への「意欲」や「動機」とはどのような関係にあるのだろうか。

これらについては本書のこれまでのところでも再三触れられてはいるが、ここでは、人間の本来性とマネジメント実務との良好な関係を追求しようとする視点から、独自の展開を試みたい。

（1）だれの内面にも備わる倫理意識

ここで問いを、より現実的なものに置き換えてみよう。

私たちが日常、仕事で何かのミスを犯したとき、それをカバーしようと必死に行動するのはなぜだろうか。

1つは、自分に対する組織や周囲からの評価が下がる、あるいは自己嫌悪に陥りたくない、そのような自己都合とでもいうべき事情があるからだろう。しかし、それだけではない。そのミスの影響がだれに、そしてどのように及ぶのかについて、ありありとした情景が思い描かれるからでもある。むしろ、私たちの意識に最初に立ち現れる映像は、評価されなくなった自分の姿ではなく、自分が犯したミスの影響を受けてトラブルに陥った他者の姿であろう。

私たちは物事をどのような「文脈」の中でとらえようとするのかとあらためて問えば、上の例からもわかるように、一方では自分自身の利害、あるいはその背景にある諸欲求との関連においてであろう。そしてもう一方では、他者の利害や欲求に関連づけようともす

る。私たちは常に、自分の観点からだけではなく、他者の観点からもさまざまな事象（物事）に「文脈」を与え、その文脈の中で自分が果たせる役割を見いだそうとしている。私たちはそのような方法で物事を解釈し、その「意味」を引き出そうとする態度を備えているのである。

　これが「倫理意識」であり、私たちが普段よく使う言葉に置き換えて言えば、それは「共感性」と「役割意識」によって成り立つものである（ここで「役割」という場合、「〜する役割」と「〜しない役割」の両方を含む）。

(2)「倫理意識」という言葉の意味

　ここで、言葉の使い方について確認しておこう。

　まず「倫理意識」という言葉だが、ここでは「倫理を重視して行動しようとする意思」のことを指している。それは、「倫理的であることへの敏感さや注意の程度」を意味する「倫理感」とほぼ同義である。この場合の「感」は、「責任感」や「罪悪感」という言葉につくときの「感」と同じニュアンスである。

　これに対して、「倫理観」という言葉がある。これは、「倫理的であるとはどういうことか、どのような考え方や行動が倫理的なのかに関する見方」という意味合いで使われることが多い。この場合は、その主体によって内容が異なるということが暗に強調される。たとえば、江戸庶民の倫理観、現代人の倫理観、日本人の倫理観、欧米人の倫理観という具合に。

　そして本章は、何が倫理的であるのかに関する議論を深めることよりも、倫理を重んじようとする私たちの意識の出どころを探ることを目的としているので、「倫理意識」という言葉を使っていくこ

とにする。

2. 倫理意識の源泉を探る

　それでは、「倫理意識」はどのようにして私たちの意識の中に芽生え、発達していくのだろうか。

　確かに私たちの脳は、動物の脳に比べるとはるかに高機能で、自分が痛みを感じるような刺激には、他者も同様の痛みを感じるはずだということを容易に想像することができる。しかし、私たちの脳は万能ではなく、世の中のすべての事柄を考えに入れて意思決定を行い、行動の仕方を選ぶなどということはできない。そこにもやはり、「経済性の原理」が働く。つまり、できるだけ処理すべき情報の量を節約して、その上で、最も納得のいく意思決定をしようとする。

　このとき、私たち人間もやはり動物である以上、自己の利益を最優先に考えるはずである。脳を効率的に使うとは、そういうことである。それにもかかわらず、なぜ他者の存在を自分の存在と同じように尊重し、考慮に入れるべき情報として常に保持しようとするのか。その答えを求めるにあたってヒントを与えてくれるのが、心理学者マズローの発達理論である。

(1) 有名なマズローの「欲求段階説」

　マズローは、私たち人間の精神的な発達あるいは成長について研究したが、彼の理論は、一般的には「欲求段階説」として知られている。その内容を要約すれば、次のようになる。

人間の最も基本的な欲求は「生理的欲求」であり、食欲や睡眠欲など、生理的機能の維持にかかわるものである。また、私たちの身体は常に外界からの危険にさらされていて、私たちはこれに対して不安を抱いている。こうした危険や不安から自由になりたいという欲求が「安全欲求」であり、これは「生理的欲求」に次いで、あるいはほぼ同等に私たちにとって基本的である。

　これらの動物的欲求は、他者からの愛情や、あるいは集団への所属によって確実に満たされるものである。これを体験的に理解した私たちの内面では、「所属と愛の欲求」が支配力を高めていく（短く「社会的欲求」と訳されることも多い。本書では、以後「所属欲求」と呼ぶことにする）。

　さらにその後、集団や社会の中でさらに自分の優位性を高めようとする欲求が私たちの意識の中で支配的になる。つまり、他者からの積極的評価や自尊心の満足を求める「承認欲求」が生まれる。

　「承認欲求」が満たされれば、私たちはもうそれ以上の欲求をもたないかというとそうではない。評価を期待するということは他者から自立しているわけではなく、自尊心にしても、他者の視線つまり世の中の一般的な評価基準を借りた自己評価にすぎない。そうした次元を超えて、自分自身の能力をあますところなく発揮することや、自分のアイデンティティ（独自性）の確立を求める欲求がその後に生まれる。これが「自己実現欲求」である。

　このようにマズローは、人間の行動を観察することを通して、人間の意識を欲求の階層として示した（図表7-1）。そして、すべての欲求が満たされていないときには、より初歩的で低次のものほど優先順位が高いことを明らかにした[1]。

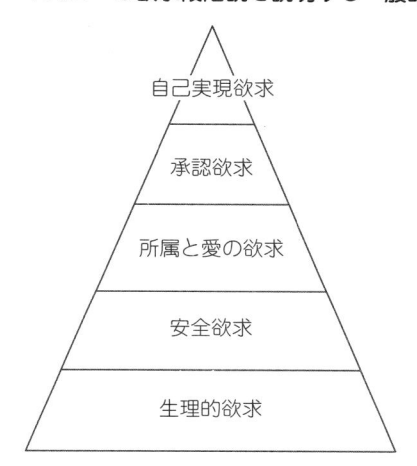

■ 図表7-1　マズローの欲求段階説を説明する一般的なモデル図

```
         自己実現欲求
        承認欲求
      所属と愛の欲求
     安全欲求
    生理的欲求
```

　しかし、ここまでの説明では、「倫理意識」の芽生えや発達過程の解明にはつながらない。そこで、さらにマズロー理論の説明を続けよう。

（2）発達論としての「欲求段階説」

　実は、マズローが欲求段階説によって示したかったのは、それが私たち人間の意識の「構造」であるということ以上に、心理的発達の「プロセス」であり「順序」であるということである。
　マズローは、人間の心は生まれた当初の乳児期は「生理的欲求」や「安全欲求」といった動物の欲求で占められているが、幼児期を経て青年期に至るまでの間に、このような経緯をたどって徐々に精神的な欲求が生まれ、その支配性が増し、一人の人間として自立していくということを示したのである。
　経営の世界において、マズローの欲求段階説が単なる構造論とし

てとらえられると、「人間がそのような欲求構造をもっているのなら、どこを刺激すれば仕事へと動機づけることができるのか」という具合に、動機づけの基礎理論という用いられ方が支配的、一般的になってくる。

　しかしマズローは、それ以上に、人間の意識がそのようなプロセスを経て成長していくのなら、これを促進する社会システムとはどのようなものなのか、逆にこれを阻害する社会システムとはどのようなものなのかを議論するための基礎理論として自らの説を位置づけようとしたのである。特にその傾向は彼自身の中で、その研究の深まりとともに強まっている。

(3)「自己超越」の概念

①自己実現欲求には2つの段階がある

　マズロー理論について、さらに詳しく説明しておかなければならないことがある。それは、彼が晩年、「自己実現欲求」の段階をさらに詳しく研究した結果、これを2つに区分しなければならないことを発見したことである[2]。

　1つは、自己のアイデンティティの確立や自分らしさの追求、あるいは自己表現に精力を傾けたり、達成感を追求したりする次元である。以降、本書で「自己実現欲求」と呼ぶときは、この次元を指すことにしよう。

　これに対してもう1つは、ことさら自己を特別視することなく、あくまでも自他の結び付きの中で自己の存在を感じ、そうした自己感覚に基づいて行動を選ぼうとする成長段階である。言い換えれば、自己と自己以外の間にある境界へのこだわりを超えて、周囲と一体化した自己感覚をもつレベルである。これをマズロー自身は、「自

己超越の段階」と名づけている。

②貢献意欲がより高い自己超越の次元

　自己超越の段階においては、たとえば仕事にやりがいを感じるとすれば、それは、そのプロセスに没頭し楽しむことができているからではなく、能力の発揮を実感することができているからでもない。それよりもさらに高いウエイトで、自分の仕事の結果が他者への貢献になることを知っているからである。

　確かに私たちが「仕事」として取り組む行為そのものは、すべて他者に対する貢献である。医師や看護師の仕事は患者の病を治療することであり、プロスポーツもまた、だれかに「見せる」「感じさせる」ことによってはじめて職業として成り立つ。

　人が仕事に向かうとき、いくつもの動機が重なり合っている。たとえば、金銭を得て生理的欲求を満たすため、世間体を満たすため、高い評価や達成感を得るため、そして、他者や社会に貢献するためなどである。この最後の動機が意識の中で最も高いウエイトを占めている状態、それがマズローの言う「自己超越」の段階である。

　もちろん、そのような超越的傾向が常に意識の中で高いウエイトを占めている人は現実には少ない。しかしマズローは、そのような意識の傾向は万人が備えており、社会的な環境次第では、そのウエイトがますます高まることを重視した。そして経営管理、つまりマネジメントのあり方もまた、そのような社会的環境の1つでなければならない。

　それでは、マズローが「自己超越」と呼んだ最高次元の意識は、いったいどのようにして育つのであろうか。

　本書ではそれを、次のように説明する。

3. 倫理意識の発達過程

(1) 幼児期に芽生える「共感性」

　実はマズローの言う「自己超越」は、さまざまな要素から成り立っている。そのすべてが「自己実現欲求」の発生と充足を見てから現れるのかというとそうではない。むしろ、その中核である他者貢献的要素は、人生のかなり初歩的な段階、つまり幼児のころにその芽生えを見ることができる。

　たとえば3歳ぐらいの子供が、友達のおもちゃを取り上げて独り占めしているとしよう。それを見つけた親は、「返しなさい！」と厳しく叱るだろう。それを受けて子供は、しぶしぶおもちゃを返す。そのときの動機は何であろうか。

　もちろん、失いかけている親の愛情を取り戻したいという気持ちが大きなウエイトを占めているだろう。「所属欲求」である。しかしそれだけではなく、友達が泣いているからでもある。

　幼児の脳は、すでに他者の悲しみを自分の悲しみと同様に意識できるだけの能力を身につけている。これが「共感性」である。その背景には、たとえば、逆に自分がだれかからよく似た仕打ちを受けた記憶があるだろう。

(2)「共感性」と「役割意識」の発達

　このとき、おもちゃを返すという行為は、自分にとっての「役割」となる。そして、その「役割」を果たすことによって、結果的に親の愛を取り戻すことに成功する。こうした報酬によって、さらに「共感性」や「役割意識」に磨きがかけられる。そうすれば、その

●第7章● 倫理意識とマネジメント

後新たに生まれた「承認欲求」も満たされやすくなる。それを報酬として、さらに「共感性」と「役割意識」が磨かれる。そうすれば自分の優位性がさらに強く確立できるし、その後新たに生まれた「自己実現欲求」も充足できる。そこでさらに、「共感性」と「役割意識」が磨かれていく。

つまり私たちの意識は、「生理的欲求」から「自己実現欲求」に至る自己中心的欲求と、もう一方の「共感性」や「役割意識」とが相互に作用し合って、自己中心的欲求の内容はより高次元化し、一方で「共感性」と「役割意識」の方は、私たちの内面に占めるそのウエイトを高めていく。私たちの「倫理意識」や他者に対する「貢献意欲」は、その過程の中で育てられる。これが私たちの意識の発

■ 図表7-2　倫理意識の源泉としての「共感性」と「役割意識」ならびにその発達過程

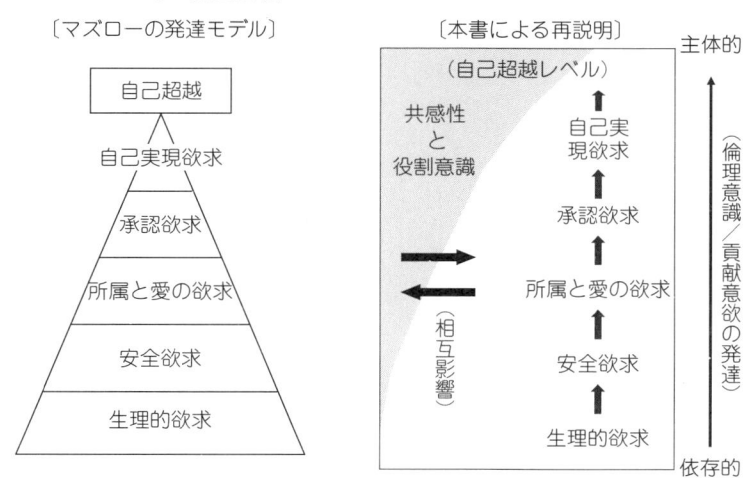

〔マズローの発達モデル〕

- 自己超越
- 自己実現欲求
- 承認欲求
- 所属と愛の欲求
- 安全欲求
- 生理的欲求

〔本書による再説明〕

（自己超越レベル）

共感性と役割意識

自己実現欲求 ↑ 承認欲求 ↑ 所属と愛の欲求 ↑ 安全欲求 ↑ 生理的欲求

（相互影響）

主体的 ↑（倫理意識／貢献意欲の発達）↓ 依存的

「欲求」の発達とともに「共感性」や「役割意欲」のウエイトは増加する。
また「共感性」や「役割意欲」の発達が「欲求」の発達を促す。
その過程の中で「倫理意識」や「貢献意欲」が育つ。
（マズローの言う「自己超越」段階は、「倫理意識」や「貢献意欲」が最も高い状態）

187

達（成長）、言い換えれば主体性の獲得プロセスであって、マズローの言う「自己超越」的部分は、それまでの諸欲求との連続性がない中で突然出現するものではない。

この様子は、図表7-2の右側に示したモデルのように描くことができる[3][4]。

先に、仕事で失敗したときに私たちがそれを必死になってカバーしようとするのは、自己利益にかかわるからでもあるが、それ以上に他者への影響を回避するためでもあるという例を示したが、これも同様の理屈で説明することができる。

(3) 自然科学から見た倫理意識の発達過程

自然科学の観点からも、倫理意識の発達過程を説明することができる。現代の生物学界に大きな影響を与えた進化生物学者ドーキンスの研究成果を中心に、これを紹介しておこう[5]。

生物の基本的要素である「遺伝子」は、擬人化した言い方をすれば利己的であり、自己保存に有利なように自らが宿る身体に向けて情報を発信する。しかし、複雑な外界の変化に対処するためには、自らが身体に向けて発信する情報だけでは限界があるので、遺伝子は、自らに代わって情報を発信し身体の動きを操作する器官をつくった。これが神経系であり、その最も発達したものが「脳」である。

つまり遺伝子は、直接身体に指令を出す方から、身体に指令を出す機能をもった神経系を発達させる方に自らの情報量の多くを割き始めたのである。そして発達した「脳」は、その産みの親である遺伝子を無事に存続させるには利己主義一辺倒では不得策であることに気づき、利他的行動を身体に指令することができるまでになった。

乳児の行為は、未発達で利己的な動物の脳の指令によって生み出されるが、加齢とともに、人間の脳、つまり最も進化した大脳新皮質が機能し、「共感性」や「役割意識」を身につけていく。

マズローの時代には、自然科学からのこうした説明はまだなされていなかったが、それでも彼自身、意識の発達は「系統発生（＝進化）」にも「個体発生（＝成長・発達）」にもあてはまることをすでに示唆していた[6]。

ただし、他者を大切にしようと考えるのも脳であるし、他者を押しのけてでも自己利益を追求しようと計算するのも脳である。つまり、脳の働きをコントロールするのも脳であるから、その仕方には個人差が生まれる。マズローが、私たちの健全な精神的発達を促進する社会をつくり上げる必要性を説くのはそのためである。

4. 人間の本性に根差したマネジメントの必要性

以上で見たように、私たちの「倫理意識」は、人間に本来備わった性質の1つである。そして、配慮を向けるべき「他者」の範囲は、幼児期には目の前の相手だけであったものが、加齢とともに不特定多数に拡大し、社会全体にまで拡大される。これに伴って、自分自身をほかと異なる絶対的存在と見る自己中心的な意識が薄れ、自分自身を客観視する姿勢や謙虚さが増す。

もちろん、倫理意識の発達（成長）の度合いには個人差がある。しかし、倫理意識は万人に備わっているのであり、その発達を阻害する社会的要因を排除し、発達を促進する要因を強化しなければならないとする考えが、マズロー理論から当然に導き出されるのである。

それでは、組織管理つまりマネジメントの世界においてはどういった工夫が必要か。これが以降の主要なテーマとなる。

　最近では、倫理意識やコンプライアンスの定着をめざした「コンプライアンス・マネジメント」と呼ばれるマネジメント領域が想定されるようになった。ただし、こうした特別な領域を想定するまでもなく、実は「マネジメント」そのものが、マズローのめざすとおり、人々の倫理意識の成長を阻害する要因を取り除き、成長を促進する要因を提供するものでなければ、組織は社会の中で健全に機能することができない。

　そうした観点から、第8章では、「マネジメント」そのものについて、その望ましいあり方を検討してみよう。そのような議論があってこそ、「マネジメント」一般と「コンプライアンス・マネジメント」との間にギャップが生じるのを防ぐことができるのである。

5. 実践的な倫理基準は試行錯誤を通じた「学習」から

　ただし、このようにして育った倫理意識に基づいて、さまざまな状況の下で意思決定を行おうとするとき、どのような意思決定がほんとうに倫理的なのか。これは個別の状況に応じて、私たちの知恵の限界の中で、ぎりぎりまで検討して決めるしかない。

　私たちは、自分の幸福とは何かについてさえ正しく判断する能力をもっていない。ましてや、何が他人や社会にとっての「善」なのかは、さらに仮説でしかあり得ない。しかし、それにもかかわらず、常にそれを問うていることが重要なのである。

　人々を利するためにとった行為が、逆に人々に不利益を与える結果になったり、あるいは一部の人々に不利益が及んだりすることも

ある。私たちはその過程から多くを学習し、一方では進歩していく科学的知見を取り入れ、より多くの知識に基づいて以前の行動を改め、次の行動に生かしていくしかない。

つまり私たちは、明らかに倫理意識の根源を私たちの内面に求めることができるが、個別の状況ごとに何が倫理的であるのかを知るだけの能力をもち合わせてはいない。それにもかかわらず何らかの意思決定を継続的に行っていかなければならないとすれば、日々積み重ねられていく経験や知識に基づき、謙虚な姿勢で議論を行うことが求められるのである。つまり、私たちの社会的営みは、常に「学習」を伴った試行錯誤である。

たとえば、地球温暖化をはじめとする自然環境の問題はどうか。これは、人類社会を利するために行われた経済的活動によってもたらされた結果である。こうした活動によって、多くの生物種が絶滅の危機に追いやられ、その影響は人類の生活にまで及んでいる。

マックス・ウェーバーは、100年近くも前の資本主義の発展期に、その著書の中で次のように指摘している[7]。

「（近代的な資本主義経済の）秩序界は現在、圧倒的な力をもって、その機構の中に入り込んでくる一切の諸個人（中略）の生活スタイルを決定しているし、おそらく将来も、化石化した燃料の最後の一片が燃えつきるまで決定しつづけるだろう」（カッコ内は著者によって補充）。

私たちは、自らの生活ぶりに対する真摯さと謙虚さを伴った議論をあまりにも遠ざけてきたと反省せざるを得ない。今まさに、生産者、消費者を含めた生活者全体が、生活態度の見直しに取り組まなければならない時期を迎えている。

第2節 多発する不祥事の背景にあるもの

1. 不祥事が絶えない現代社会

(1) 不祥事例に学ぶ

　近年、不祥事、つまりコンプライアンス違反や倫理を逸脱した行為が多発している。

　仮に、最近の報道から得た情報に基づいて、図表7-3のフォームを埋めていく作業を行ったとしたら、あっという間に多くの行数を費やすことになるだろう。それだけ、人々の倫理意識やコンプライアンス・マインドを育てるマネジメント・システムや社会システムが整備されていないということである。

■ 図表7-3　最近の不祥事例をあげてみよう

違反企業名	違反内容	発生時期	社会的悪影響	企業自身に跳ね返った不利益

倫理的組織をつくるためのマネジメントを行うにあたっては、このフォームの設欄における「社会的悪影響」に記述される内容を理解させることによって不正や違反行為を防ぐという方法が、人々の「倫理意識」に働きかける正しいアプローチの1つである。

しかし人間は、一方では自己中心的欲求をもつ存在でもあるから、このフォームの「企業自身に跳ね返った不利益」に記述される内容、そして、その結果として個々の従業員に跳ね返る不利益の内容、たとえば組織崩壊（倒産あるいは廃業）による失業の危機などもまた、方便として強調される必要があるだろう。

また、不祥事を繰り返す企業は、従業員の不信感を募らせるばかりか、人材の流出を招き、新たな人材の確保も困難になる。これは企業自身にとって、決して望ましい事態ではない。

(2) 悪意がなければいいのか

いずれにしても、組織メンバーの倫理意識を高めるための指導を行おうとするとき、他社の不祥事例とその結果を思い起こさせることは有効であろう。

ただしこのとき、世間を騒がせているほとんどの事例は、「悪意」つまり法令違反や非倫理性に気づいていながら実行されたものであって、自分たちにはあり得ないことだと考える人たちもいるだろう。しかし、ここで強調されなければならないことは、「悪意」ではないにしても、「知らず知らずに」あるいは「ついうっかり」というケースがあるということである。あるいは、「この程度ならいいのでは」という判断の誤りが原因になることもあるだろう。そのいずれの場合も、「悪意」があった場合と同じ結果をもたらすということである。

つまり、法令違反や非倫理的行為を犯してしまうリスクは常に私たちのすぐそばにあるということが強調されてこそ、組織メンバーの当事者意識を育てることができるのである。

2. 不祥事多発の背景にある現代社会の特徴

(1) なぜ不祥事が多発していると感じられるのか

では、近年、不祥事が多発するに至った背景にはいったい何があるのだろうか。

実は、個々の不祥事の内容を見れば、近年になって急に発生したものは少ない。むしろ数年あるいは数十年もの長きにわたって続けられていたケースが多く、あるいは時代背景によって形を変えながら、不祥事は脈々と発生し続けているのである。

人間は自己中心的な存在であるからこそ、明示的あるいは暗示的にさまざまな規律を設ける必要が生じる。また一方で「倫理意識」をもつからこそ、それは守られるはずだという確信が前提にある。だからこそ、これらの規律が設けられるのである。

しかし実際には、自己中心性の方が優位に働いて、違反が起きることがある。これがいわゆる不祥事である。

このように規律の制定とその違反は、人類の歴史そのものであって、特に最近になって不祥事が多発するようになったというわけではない。

それではなぜ近年、不祥事が多発するようになったと感じられるのか。それは、不祥事が指摘されるだけの社会的環境が以前に比べて整ってきたという理由による。

(2) 不祥事が指摘されやすい社会環境の形成

それでは、どのようにしてそうした環境が整えられてきたかとさらに問えば、1つには、国や自治体の努力があげられる。立法、行政、司法の機能が、生活者の権利意識を育てる努力を惜しまなかったということである。

特に立法で言えば、たとえば労働に関する法律は目覚ましく整備された。基本となる法律の改正や「男女雇用機会均等法」など、新たな権利を保証する法律も制定された。また「独占禁止法」や「不正競争防止法」などの経済法の整備や、「製造物責任法」など消費者の権利をよりきめ細かく保証する法律の制定もその一環である。「個人情報保護法」は個人のプライバシーを守り、また「公益通報者保護法」は、組織の不祥事を内部から告発する者の権利を保証するものである。

一方、民間企業は、競合他社との激しい競争の中で、生活者のニーズにきめ細かく対応し、さらに生活者のニーズを先取りしてでも新たな快適さを提案しようと、製品やサービスの開発と顧客対応の充実に努めてきた。

このような公・民の努力によって、生活者の権利意識や批判的精神が育ち、自己主張の機運が高まり、これによるプラスの結果として、組織の不祥事が指摘されやすい社会が誕生したのである。

(3) 現代の社会環境が抱える負の側面

ただ、公と民によるこれらの努力に伴って生じた負の結果にも触れておかなければならない。

それは、生活者の主張があまりにも絶対視され、権利意識が育て

られたほどには義務意識が育たず、行政に対して過剰な要求をぶつけたり、わずかな不便や不都合にも耐えられない生活者を育てることになったということである。

　たとえば、政治批判はするが選挙には行かない国民、学校に対する自分の要求がいかに理不尽かということに気づかない保護者、製品やサービスを購入しようとするとき、それは地球に負担をかけてまで追求すべき満足なのかどうかを考えない消費者、こうした社会的勢力が増加する傾向がすでに生まれているのである。

　民間企業は生活者に対して、個性の主張や自己表現を勧めて消費を促進しようとする。もちろん、環境への配慮や青少年の精神的発達に対する配慮を十分に行った上で、そうした方針を打ち出している企業もあるだろう。しかし、こうした努力は、まだまだ一般的なものであるとは言えない。

　特に生活者が「自己実現至上主義」に陥ったり、自己中心的で批判的な意識状態に陥ったりすることがないよう、公・民いずれの組織もいっそうの努力を払っていかなければならない。

　たとえばニートについて考えてみたとき、そこに至る経緯や動機はさまざまであり、一律にそれが問題視されるべきではない。しかし、仕事や職場が自己表現できるものではなかったという理由で簡単に退職するようなケースは、問題視されなければならない。

　少子化についても、それ自体が問題であるかどうかは軽々に判断できない。個々のケースを見ても理由はさまざまで、やはり一律に問題視されるべきではない。しかし、子供をもつと自己表現の機会がもてなくなるという理由については、少し立ち止まって考えなければならない。一見して経済的負担が理由のようでも、自己表現のための出費は決して惜しまない世帯も多く見られる。

　また、子供に対して、自分を一人前の自己表現者だと思い込ませ

る社会的要因が多いことも問題である。大人びた言葉遣いにもそれが見て取れる。しかし実際には、一人前の自己表現者であるためにはまだまだ経験すべきことが山ほどあるし、その経験をもつまでは、まだまだ自己表現者でなくてもよい。それにもかかわらず、自己表現を焦るあまり、それがうまくできない自分に対するアイデンティティが崩れ、引きこもりや心の荒れにつながるケースもある。

(4) これからの時代の倫理的組織

　このような状況を考えたとき、行政組織も民間企業も、生活者に提供するサービスの質を高める方向にだけではなく、生活者に対して、生活ぶりを振り返るための指導を行う方向にも活動のベクトルを向けていかなければならない。

　行政組織にとっては、むしろこれは本来の機能の1つであり、また民間企業にとっては、現代の社会状況における1つの新しい役割である。

　現代社会においては、こうした発想を欠いた組織は、いかに便利なサービスや製品を生活者に提供し、また目立った不祥事を引き起こしていないとしても、「倫理的」であるということはできない。

3. 求められる公共的組織観

(1)「公共的組織観」とは

　考えてみれば、民間企業も行政組織も、外部に貢献対象をもつという重要な点で共通している。民間企業を「私企業」と呼ぶとき、

行政組織は「公企業」と呼ばれる。そしていずれの企業も、構成員の互助を目的としたものではなく、外部への貢献を目的とする。

私企業にとっての活動の対象は「顧客」であり、その目的は「顧客満足」の実現である。一方、公企業にとっての活動の対象は住民であり、その目的は「公共の福祉」である。このように、呼び名は異なるが、その活動の本質は共通している。そして、いずれの組織の場合も、貢献対象に向けてのサービスの質の向上と、貢献対象に対する専門的立場からの指導が両立してこそ、真の貢献である。

たとえば民間企業の場合、自然環境への負担が少ないことを訴求点とした商品説明やコマーシャル・メッセージが一般化してきた。あるいはレジ袋を有料化して、マイバッグの持参を顧客に勧める小売店が現れた。行政もまた、環境重視の生活を指導する活動を充実させつつある。これが「真の顧客満足」そして「真の公共の福祉」であり、これこそが真の貢献活動である。

このように、公・民いずれの企業組織も共通に、外部の貢献対象に向けて真の貢献活動を行うことを目的としている。つまり、いずれの組織も「公器」であり、これに着目した組織観を「公共的組織観」と呼ぶことにしよう。

(2)「仕事」という概念

私たちは「仕事」という概念、つまり言葉をもっている。では、どのような行為のことを「仕事」と呼ぶのだろうか。私たちがある行為を「仕事」と呼ぶとき、その行為のどのような特徴に着目しているのだろうか。言い換えれば、私たちの多くが、ある行為を「仕事」という範ちゅうに含めるときの条件は何か。それは、次の3つである。

① 金銭獲得……その行為によって金銭あるいはそれに代わる物質的報酬が得られること。
② 他者貢献……その報酬をだれかから無理やり奪い取るのではなく、貢献を受けた相手が喜んでそれを支払うこと。
③ 継続性………同じ種類の貢献活動が継続されること。

このように、一部の自給自足を中心とした社会を除けば、「他者貢献」は仕事の本質的条件である。

(3) 公共的組織観に基づく「個人・組織・社会」の関係

「仕事」という概念がもつ貢献的意味合いに着目したとき、個人と組織（ここでは私企業を想定している）、そして社会の関係は、図表7-4のようになる。

■ 図表7-4　公共的組織観に基づく「個人・組織・社会」の関係
～社会的役割を遂行するためのパートナーとしての組織と個人～

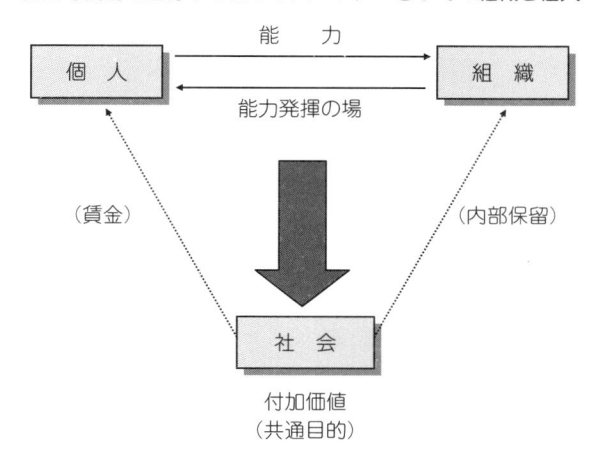

```
        能　力
個 人 ←――――――→ 組 織
      ←――――――
       能力発揮の場

  ↘                ↙
 (賃金)          (内部保留)
      ↓ 
     社 会
   付加価値
   （共通目的）
```

個人は、自身の能力だけでは、それほど大きな価値が付加された何かを生産することはできない。ところが企業組織は、さまざまな能力をもった個人によって成り立っている。個人はそうした組織と協力し合ってこそ、社会に高い付加価値を創出することができる。
　つまり、個人と組織は、社会的役割を遂行するという共通目的のために、互いに「能力」と「能力発揮の場」を提供し合うパートナーの関係にあるということである。
　建物を設計する能力をもった個人だけでは、社会に建物という付加価値は生まれないが、建てる能力をもった個人や、資材を調達する交渉力をもった個人が集まる組織と協力し合えば、社会に建物という付加価値を提供することができる。
　社会に付加価値が増加したとき、その付加価値に見合った貨幣が供給される。それを原資として、組織は売上代金を手に入れ、これを貢献者たちに分配する。このとき、その一部は内部留保として自己分配し、再生産活動に備える。そして継続性を確保するのである。
　一方、組織のメンバーである個人は、組織から金銭の分配を受け、やはり生計を立てながら仕事を継続する。つまり、個人に支払われる「賃金」は物理的には一度組織を経由するが、その原資は社会から出ている。つまり意味的には、賃金は社会から支払われるのである。付加価値が生じる場所は、それが実際に使用される場である社会だからである。ただし、社会は対価を分配する機能をもたないために、賃金の原資は売上代金の形で、一度組織に流れることになる。組織は社会に代わって、これを個人に分配する。
　このような三者の関係によって、社会は健全に維持される。これが公共的組織観に基づく「個人・組織・社会」の関係であり、それらの関係は持続可能な社会の基本的な構造となる[8]。
　行政組織の場合は、売上代金に代わって税金が社会から支払われ

るが、基本的な構造は同じである。

(4) 近江商人の「三方よし」の精神

　戦国時代の近江地方に端を発する近江商人たちや、その教えを信奉する商人たちの家訓には、「三方よし」の精神が謳われたものが多い。たとえば、「店よし、客よし、世間よし」「売り手よし、買い手よし、世間よし」などである。雇用主と従業員が「店」や「売り手」、つまり組織としてくくられているのが現代との感覚の違いかもしれないが、「世間」つまり取引の当事者以外の社会一般が利害関係者として視野に入っているのは驚きに値する。

　そしておそらく、「店よし」や「売り手よし」という表現は、雇い主と従業員、双方の「よし」を前提にしているものと推察される。中には、顧客と被用者（たとえば「職人」など）、そして世間を三方に置くものもある。そうすれば結果的に、「店」も「よし」であるはずだということだろう。いずれにしても、学ぶところの多い家訓である。

　経営管理論の世界でも、めまぐるしく変化する環境に適応できる企業ばかりが注目されていたが、その環境変化を生み出している最も大きな要因が企業活動であることを考えれば、私たちは、適切な社会環境をつくる企業行動のあり方を研究することを忘れてはならない[9]。

(5) 民間企業と行政組織の違い

　先ほど、民間企業と行政組織の収入源が「売上」と「税金」という違いをもつことに触れたが、このように両組織の間には、やはり

いくつかの違いはある。

民間企業の場合は売上を収入源とするが、売上の額は組織の活動に対する顧客からの評価が直ちに反映される上、競合他社との激しい競争環境の中では大きく落ち込むリスクをはらんでいる。

したがって民間企業のメンバーは、常に売上の減少とそれによる倒産の危機を感じつつ仕事に取り組んでいる。その危機感が仕事の質を高めようとする動機の一部を占め、またメンバーたちの力を結集する外圧にもなっている。

これに対して行政組織の場合は、基本的には倒産への危機感が外圧として働くことがなく、仕事の質をより高めようとする動機は、各メンバーがそれぞれ自分の意識を自己管理することによって高めていかなければならなくなる。

(6) 民間と行政の不祥事発生メカニズムの違い

このような違いは、民間企業と行政組織のそれぞれにおける不祥事の種類と発生メカニズムの違いにも現れている。もちろん、倫理的な組織づくりのための基本的なアプローチに違いがあるわけではないが、次に示す相違点には留意しておかなければならない。

行政組織に多く見られる不祥事は、収賄、カラ出張、裏金、着服、決められた作業手順の無視や省略、あるいは私生活上の法令違反などの個人的な欲求に関連するものや、それらが集合して集団的な性質を帯びるに至ったものである。

これに対して民間企業の場合は、着服やインサイダー取引などの個人的なものや、それが集団化したものもあるが、圧倒的に多いのが製品やサービスの品質に関する偽装や虚偽表示、粉飾決算による社会的信用の操作、贈賄など、組織のメリットを意図したものであ

る(もちろんごく近視眼的なメリットではあるが)。ここに民間企業独特の厳しい競争環境下における外圧の強さが感じられる。また、時間外手当をカットするための名前だけの管理者やサービス残業なども、組織のメリットに絡む不祥事である。

ここで、民間企業における不祥事の発生パターンを一覧表にして図表7-5に示しておこう。

■ 図表7-5　民間企業組織における不祥事の発生パターン

	トップ主導			ミドル主導		現場主導
トップ	実行	指示 (明示/暗示)		承認/黙認/不知		承認/黙認/不知
ミドル	—	実行	下達	実行	指示 (明示/暗示)	承認/黙認/不知
現場	—	—	実行	—	実行	実行

4. 人間理解に役立つ科学と哲学

本章では、私たちの倫理意識の源泉やその周辺の事柄について、主に私たちの意識や組織管理に対する社会科学的なアプローチから得られた知見(一部に生理学や進化生物学など自然科学からのアプローチの助けを得ながら)に基づいて説明してみた。

ただし、科学もまた、「いまだ、より良い説明方法に取って代わられていない仮説の体系」であることを忘れてはならない。たとえ

ば重力にかかわる理論体系の場合、それは「落下」や「惑星の運行」あるいは「重さ」という観察できる事実だけででき上がっているのではなく、主役である「重力」なるものは観察できない想定上の概念である。「パラダイム」という言葉があるが、それは、想定も含んだ科学的説明体系やその背景にある世界像のひとまとまりを指す。マズローが人間の内面を説明した階層モデルや本書による再説明も、観察から得られた多くの事実が散りばめられた「パラダイム」の1つである。

　一方、「倫理」に関しては、それ以前から哲学の領域で多くの議論がなされてきたが、本書でその変遷を紹介することは省略する。ちなみに、現代の哲学の世界では、「科学とは何か」を問う「科学哲学」や、言語とは何かを問う「言語哲学」の領域で示唆に富む研究が多く生まれている。その中のいくつかは、この章を展開するにあたっての背景となっている。

注釈

(1) 文献としては、Maslow, A.H. Motivation and Personality (Second Edition), Harper & Row (1970)、小口忠彦訳『(改訂新版) 人間性の心理学』産業能率大学出版部 (1987) があげられる。

(2) マズロー自身がこれに触れている文献としては、Maslow, A. H. The Farther Reaches of Human Nature, Viking Press (1971)、上田吉一訳『人間性の最高価値』誠信書房 (1973) がある。

(3) ここで紹介したマズロー理論の再説明は、佐伯雅哉著『マネジメントが目指すもの—行動の変革から認識の成長へ』産業能率大学出版部 (1999) に基づいている。

(4) 「倫理意識」とは「利他」の意識であると言える。ただし、自分自身に「自利」の欲求があってこそ、他者もまたそれをもつということを知るのであって、「自利」「利他」いずれも肯定されなければならない。

マズローの言う「自己超越」的な意識は、自分を特別視しない。ということは、自他を区別した上でいずれの利益を優先させるかという発想からも自由である。

(5) 遺伝子の利己的性質を明らかにした進化生物学者のドーキンスは、その利己性に着目した上で、それを克服しようと呼びかけている。文献としては、Dawkins,R. The Selfish Gene（new edition）, Oxford University Press（1989）、日高敏隆・岸由二・羽田節子・垂水雄二訳『利己的な遺伝子』紀伊國屋書店（1991）があげられる。

ちなみに人間以外に目を向けたとき、一見して自己犠牲に見える動物の行動は、遺伝子保存の確率計算をすれば、実はその方が有利であることがほとんどであるらしい。しかし、チンパンジーなどの高等動物の場合、それでは説明がつかない利他的行動が見られる。脳によって生み出される人間らしい「愛」は、すでにこれら類人猿の段階で一部生まれているのかもしれない。また、近所の犬や猫を見ていても、ときたま仲間に対して見せる思いやり行動は、まんざら遺伝子の利己的戦略によるものとは思えないことがある。「利他性」や「愛」の誕生をどの進化段階にまでさかのぼることができるか、動物行動学などの分野における研究の深まりが期待される。

(6) Maslow, 前掲邦訳書『(改訂新版) 人間性の心理学』（p.146）では、「高次の欲求は、系統発生的、進化的に後から発達したものである」とし、また「高次の欲求は、個体発生的に後になって発達したものである」として、系統発生（進化）と固体発生（成長）の共通性に触れている。ちなみに、マズローの言う「生理的欲求」は、遺伝子の自己保存に直接かかわる欲求である。それならば「性欲」もそうであるはずなのに乳児にそれが見られないのは、身体の発達を待って発現するように調整されているからであり、これもまた遺伝子にプログラミングされた情報によるものである。

(7) Weber,M. Die Protestantische Ethik und der Geist des Kapitalismus（1920）、大塚久雄訳『プロテスタンティズムの倫理と資本主義の精神』岩波文庫（1989）p.365

(8) 前掲のマックス・ウェーバーの著書は、現代の資本主義的な経済体制の精神的起源について研究したものだが、彼はそれを、16世紀ヨーロッパのプロテスタントの倫理観に求めている。そこには、今本文に示した「個人」「組織」「社会」の関係の原型が見て取れる。

(9) 前掲の佐伯雅哉著『マネジメントが目指すもの―行動の変革から認識の成長へ』では、冒頭近くで次のように問題提起している。
「企業経営や職場のマネジメントをテーマにした出版物の多くは、『経営環境が激しく変化する中で、これからの企業は………』といったような書き出しで始まります。しかし、その環境変化を生み出している最も大きな原因が当の企業行動にあるということに、今までどれだけ関心の目が向けられてきたでしょうか」（同書p.9）。

第 **8** 章

マネジメントを総合的に考える

第1節 そもそも「マネジメント」とは何か

1. マネジメントを総合的に考える意義

(1) 総合的マネジメントとコンプライアンス・マネジメント

「経営」「管理」あるいはこれを合わせて「経営管理」などという言葉があるが、これらはみな「マネジメント」の訳語である。その意味するところは、「組織の働きを最適化する機能」といったところだろうか。

訳語の使い分け方に決まったルールがあるわけではないが、全体組織をマネジメントすることを指して「経営」、そして全体組織を構成する個々の単位組織、たとえば部や課、係をマネジメントすることを指して「管理」と使い分けられることが多い。しかし、「課を経営する」という言い方も、まったく問題はない。

本書では、組織のサイズや独立性の程度にかかわらず、その基本は同じであろうという考え方から、あえて訳語を使わずに「マネジメント」と呼ぶことにする。

「組織の働きを最適化する」ためには、いくつもの取り組むべきテーマがある。そのテーマの1つ、というよりも、すべてのテーマの前提となるのがコンプライアンス（もちろん「企業倫理の実践」を含めた広義のコンプライアンス）である。最近では特に、ここのところに照準を合わせたマネジメントを指して「コンプライアンス・マネジメント」という言葉が使われるようになってきた。

（2）コンプライアンス・マネジメントがきれいごとに終わらないために

　これに対して本章では、より総合的な見地から「マネジメント」を考えてみる。倫理的な組織づくりをテーマとした「コンプライアンス・マネジメント」を成功させるためには、マネジメントの全体像について、より総合的に考えておかなければならない。

　たとえば担当部門の努力によって、倫理的な組織をつくるための諸施策を導入したものの、組織を運営するための基本的なマネジメント・システムやマネジャーの言動がこれらと相容れない関係にあったとき、組織のメンバーはせっかく導入したこれらの施策を、きれいごととして受け止めてしまうことになる。

　こうした事態を防ぐために担当部門は、組織の基本的なマネジメント諸制度や現場のマネジメント行動がどのようにあるべきかを知り、これに照らして現状を見極め、倫理的な組織づくりのために必要を感じたならば、各方面に向けての提言を積極的に行っていかなければならない。また、経営者をはじめマネジメント諸制度を統括する立場にある人たち、そして各部門や職場のマネジャーもまた同様の見地から、マネジメントの望ましい姿を追求していかなければならない。

2. マネジメントの総合的機能とコンプライアンス・マネジメント

（1）マネジメントの総合的機能

　マネジメントとは、「組織の働きを最適化する機能」であった。

「組織」とは、人々が共通の目的をもって協力し、連携し合う「場」である。ここで「共通の目的」という場合、民間企業であればその設立目的、簡単に言えば、本業あるいは本業を通した顧客満足である。行政組織の場合は、住民への行政サービスの提供（もちろん住民への指導を含む）、つまり公共の福祉である。

　また単位組織で考えたとき、全体組織がもつこれらの大目的を受けて、その単位組織独自の目的をメンバー同士で共有している。たとえば総務課であれば、他部署に向けての総務サービスの提供という目的をメンバー間で共有することになる。

　組織の目的が真に社会的要請に基づくものであるならば、その組織は存続しなければならない。組織の存続は、そこに参加したメンバー（つまり従業員や職員）とその家族の生活維持のためにも、そしてその他のあらゆるステークホルダーの利益のためにも必要なことである。つまり本業の継続は、組織の社会的責任の中でも最も重要なものである。

　そのためには、個々のメンバーの意思や能力あるいは活動が効果的、効率的に結合されなければならないし、モノやカネ、情報などの諸資源もまた、これらと効果的、効率的に関係づけられなければならない。これがマネジメントの総合的な機能である。

　民間企業の場合、そうした努力によって得られた利益は、組織の存続に不可欠な資金の源であることは、すでに見たとおりである。

　そして、倫理やコンプライアンスが組織活動の前提であるならば、コンプライアンス・マネジメントは、このようなマネジメントの総合的機能と一枚岩の関係になくてはならない。その中でも特に、人に対するマネジメントのあり方をあらためて考えることは重要である。倫理意識は人が本来もつ属性であり、これと矛盾する方法で人をマネジメントすることはできないからである。

（2）メンバーの倫理意識を育てるマネジメント

　第7章では、マズローの発達モデルやその再説明を通じて、倫理意識や他者に対する貢献意欲が私たちの意識の中でどのように育つのかを見た。私たちがもつこのような本性を知らずに、組織のメンバーたちをマネジメントすることはできない。

　そして、これも第7章で見たとおり、他者貢献こそが仕事の本質であり、すべての人間はそれに気づくだけの本性つまり潜在能力をもっている。その潜在能力を表に引き出し、仕事の質の向上に結びつけるのが最も理想的なマネジメントの姿であろう。

　そして、このことを考慮に入れたマネジメントこそが、コンプライアンス・マネジメントと一体化することができるのである。

　人は意識の中に、次々に新たな種類の欲求を積み重ねながら、一方では「共感性」や「役割意識」を育てていく。そして、そのプロセスの中で、「倫理意識」や「貢献意欲」が発達する。マズローは、そうした意識や意欲が最も高いレベルに発達した状態を「自己超越」と呼んだ。もちろん、倫理意識や貢献意欲を十分に身につけた人も、諸欲求から自由になっているわけではなく、食欲もあれば名誉欲ももち合わせている。ただ、他者もまたそうであることを十分にわきまえた上で、自分の欲求を満たそうとするのである。

　私たち人間がそうした精神的発達の潜在能力をもつならば、それを阻害する不自然な状況を取り除き、逆にこれを促進する要因があればそれを積極的に取り入れていく。そういう方法でマネジメントが行われなければならない。

　この考えに立ったとき、現代のマネジメントのやり方に対してはどのような評価を与えることができるだろうか。また、どのような点に留意すれば、より望ましいマネジメントに近づくことができる

だろうか。次節では、その指針を見いだすための議論を展開していくことにしよう。

第2節 現代の企業組織における マネジメント

1. 現代のマネジメント・システムについて考える

(1)「目標による管理」というマネジメント・システム

「目標による管理」というマネジメント・システムがある。各自が仕事上の目標を自主設定し、これによって自己管理するというシステムである。これは、現代のマネジメントの考え方が最もよく反映されたシステムで、多くの民間企業で採用されているほか、行政組織においても導入の動きが見られる。そこで、この制度を材料にしながら、現代のマネジメントについて考えてみることにしよう。

この制度の下では、各マネジャーやメンバーは、期末における職務上の到達目標を自主設定し、その達成に向けて自己管理する。このとき、それぞれの目標は、全体組織の目標達成に資するよう相互に連鎖していなければならない。そこで各部門のマネジャーは、組織の方針を受けて自身の目標を設定すると同時に、管轄する下位組織のマネジャーと個々に面接をする。そして最小単位の組織を受けもつマネジャーは自職場の個々のメンバーと面接を行う。この「目標設定面接」の場で、相互の目標の擦り合わせが行われる。

(2)「目標による管理」の沿革と理論的背景

「目標による管理」の考え方を最初に提唱したのは、主にアメリ

カを活躍の場とした経営学者のドラッカーである。彼は著書の中で、目標の自主設定を通じた自己統制の重要性を指摘している[1]。

そして、これに理論的根拠を与えたのは、マグレガーであった。マグレガーは、ちょうどこの時期に登場したマズローの欲求段階説を用いて、目標の自主設定による自己統制の有効性を説明した。

つまり、この時代になると、マズローの発達モデルでいうところの「生理的欲求」や「安全欲求」、そして「所属欲求」といった原初的欲求はすでにかなりの程度満たされていて、今や人々は、より高次元の「承認欲求」や「自己実現欲求」の充足を求めて行動する自発的な存在であるとする人間観をマグレガーは提唱した[2]。彼は、目標の自主設定とこれによる自己統制は、この新しい人間観に合致した動機づけの方法であると考えた。そして、この制度の下では、各自が自主的に設定した目標を介して、組織と個人の統合が実現すると主張したのである。

しかし、この制度が普及して一定の年月を経た今日、私たちは一度、その運用方法について振り返ってみる時期を迎えている。

2.「目標による管理」の運用にかかわる諸問題と克服への道筋

(1) 目標の自主設定はほんとうに可能か

重要な問題の1つは、「目標の自主設定」というルールが形骸化していないかということである。

たとえば、営業の職場の場合、各メンバーは達成しようとする売上の額を目標として自主設定しなければならないが、一方で組織全

体の売上予算の総額から各メンバーに期待する数値を割り出したとき、両者の間に開きが生じる。もちろん現場の事情は考慮されるが、実際には、各営業担当者が完全に売上数値目標を自主設定できる余地はそれほど大きくない。また、そもそも売上の額を目標とするかしないかという選択の余地もない。

　このように、自主設定という原則が形骸化して表向きだけの自主設定となったとき、当事者たちはかえってフラストレーションを募らせることになる。また、営業以外の職場の場合も基本的には同様で、上位者の目標が決まったならば、これを受けて自身が、何をどのレベルまでやらなければならないかは自明であり、そこに自身の独創性が働く余地はほとんどない。

　このように、組織が個人に求める最終的な結果に関する目標を「結果目標」と名づけたとき、概してこれは自主設定の原則になじみにくい。営業担当者にとっての売上目標は、その典型である。

　一方、「結果目標」を達成するために、プロセスとして取り組まなければならない課題は何か。これは逆に、より現場近くにいる人間の「想い」から浮かび上がってくるものである。これを材料にして、各メンバーが独自に設定した目標を「プロセス目標」と呼ぶならば、このプロセス目標こそが、自主設定という原則によりなじみやすいものである。

(2) プロセス目標の重要性

　結果目標に対して「刈取り目標」という別名を与えるならば、プロセス目標には「種まき目標」という名を与えることができる。つまりプロセス目標は、結果を生み出すために地道に積み上げておくべき活動に関する目標であり、一般的には顧客へのサービスの質の

向上に関するものや、結果を生むための環境整備にかかわるものである。その実現は、将来の業績にも好影響をもたらす何らかの資産（おそらく、その多くは目に見えないものであろう）として蓄積される。その意味では、プロセス目標を「資産形成的目標」と呼んでもいい。

　現場に近いほど、貢献対象つまり顧客との距離は近い。そうした現場感覚から生まれる問題意識は極めて暗黙的で言葉になりにくいが、これをなんとか言語化して表現を組み立て、達成基準（必ずしも定量表現である必要はない）を含んだ文に整える。そうした方法によって生まれた目標こそ、自主設定という原則と一致するのである。

　自主設定された目標の中には、一見して上位者の目標との連鎖の度合いが低いものもあるだろう。しかし真摯な説明を通して、見えない連鎖関係を見えるものにする、あるいは連鎖の有無を超えてでもなお取り組むだけの価値を語る。「目標設定面接」は、それを行う場である。

　つまり「目標」とは、貢献対象である顧客により近い場所から生まれた問題意識に基づいて自主的に形成した課題を表明するための公式な「言語」であり、「目標設定面接」はその言語を使って上位者にこれを説明し、理解と協力をとりつけるための公式な機会である。

(3) コミュニケーション・システムとしての「目標による管理」

　このように結果目標については、多くの場合、自主設定であるかどうかを問題にするのはあまり意味がない。しかし、重要なものであることには違いない。このように考えたとき、これはむしろ自主

設定であるかどうかよりも、本人と上位者が真に合意できるものであるかどうかが問われるべきものである。そして目標設定面接では、その合意を得るための丁寧な話し合いが必要となる。

　一方、プロセス目標については、上位者の目標との連鎖度や、あるいは連鎖の有無を超えてでも実行する意味や価値が議論される。いずれにしても目標設定面接は、短時間ですませることができない重要な公式のコミュニケーション機会である。

　こうした努力を通じて、組織のムードが売上至上主義に傾くことを回避し、組織の健全性を維持することができる。たとえば、顧客の意思やニーズを反映しないまま、何らかの便宜的方法によって売上実績がつくり出されたり、それがその後の売上予算策定のベースになったりすることを防ぐことができる。そして、コンプライアンス・マネジメントに対するきれいごと感や、冷ややかな受け止め方が組織内に生じるのを防ぐこともできる。

　現場の人たちこそ、「組織の論理」ではなく「顧客の論理」で物事を見ている。この視点は、貢献対象である顧客に近い場所にいることによって自然に生まれる「共感」が基礎になっている。つまりそれは、「倫理意識」や「貢献意欲」の表れである。そこから生まれた自己の目標が組織によって尊重される経験を通して、メンバーたちの倫理意識や貢献意欲はいっそう高いレベルに育てられるのである。

　ある企業でのエピソードである。

　トップと若手の交流の場で、ある若い社員から社長に向けて、「当社では、経営理念と売上のどちらが優先するのでしょうか」という質問が出たというのである。

　たいがいの場合、経営理念には「社会に貢献し……」など、倫理的な意味を含む用語が多く盛り込まれるが、売上目標を達成するた

めには経営理念に反する方法をとるしかない。仮にそういう実態があるならば、そのことを知らないトップにも責任はあるし、またトップに現場の実態を知らせず、現場に対する指導もできていないミドルにも大きな責任がある。また何よりも、マネジメント・システムの運用に大きな問題があるのである。

　また、総務などのスタッフ部門からは、「営業とは違って売上予算のように数値化できる目標がないので、目標による管理制度は利用しにくい」という声が聞かれる。ところが、これは完全な誤解である。

　「目標による管理」になじみやすい目標が「プロセス目標」であるならば、むしろスタッフ部門こそこれを利用して、さまざまな業務改革を行うことができるのである。確かに「プロセス目標」は数値化しにくいものが多いが、目標の表現は定量表現に限られるわけではなく、定性表現でもかまわない。ちなみに、総務などのスタッフ部門にも顧客があることはすでに示したとおりである。

3. 人事考課をどのように考えるか

(1) 目標の達成度を処遇に反映させることは必要か

　では、目標の達成度を、人事考課を通して処遇に反映させることは適切だろうか。これはたいへん難しい問題だが、仮に「倫理意識や貢献意欲を強く備えた人は、他者への貢献を果たすことそのものが常に自分の目的となっているので、その結果に対して報酬を与えるのは理屈が通らない」と考えて、仕事の成果を処遇に反映させなかったらどうだろう。これではきっと私たちの多くは、仕事への意

欲を失うだろう。

　私たちは、一方では「利他」の精神を備えていても、もう一方では「自利」を求める存在である。つまり「自己超越」的要素を強く備えた人間も、一方ではさまざまな欲求を併せもっている。したがって私たちの多くは、他者に貢献ができたというだけでは、継続的にいい仕事をするための動機づけは十分にはなされない。私たちが仕事に向かって動機づけられるには、やはりある程度欲求が刺激され、そして満たされることが必要であろう。

(2) プロセスを評価することが重要

　もちろん、仕事の成果は予測不可能な要因が複雑に絡み合って生まれるので、絶対に間違いのない公正な評価を保証する方法はなく、不公平感がつきまとうのは当然だと考えざるを得ない。しかしそれも、私たちが欲求から離れられないところに原因があると考えて、できる限りの調整方法を講じるしかない。

　たとえば「結果目標」の達成度は、処遇に直接反映されるのが一般的である。ただしこのとき、公平性を高めるために、一般的には目標の難易度と達成度の掛け算によって評価がなされる。しかし、それだけではなく、仮にコントロールできない環境要因に直面した場合、どのようにそれに対処したか、あるいはその結果、組織にどのようなノウハウを残したかなどのプロセスにも、妥当な評価が与えられなければならない。

　同様に、「プロセス目標」の達成も評価の対象にならなければならない。ただし「プロセス目標」は、顧客に近い立場から真に自主的に設定されるものなので、設定することが強制されてはならない。

(3) プロセス目標の評価は加点主義で

　独自性に富んだ「プロセス目標」が自主的に設定されなかったからといって、これを減点につなげることは避けたい。それをすれば、実質的には強制につながるからである。また、設定はしたものの未達成であるという場合も、減点することは得策ではない。減点のリスクがあるならば、あえて「プロセス目標」を設定しようとする動きが見られなくなるからである。

　「プロセス目標」は、真の顧客満足を生み出すための地道な活動に関するものであり、またその達成は、ノウハウやデータなど目に見えない資産として組織に蓄積される。こうした活動を現場のメンバーたちから引き出そうとするならば、「プロセス目標」の設定と達成には、加点主義の方針をとるのが得策であろう。これによって、積極的な「プロセス目標」の設定を促進することができる。

　また、目標として設定していない事柄に関する献身的な行動や、同僚の設定した目標を達成させるための協力など、組織人としての地道な働きに対しても評価が与えられなければならない。

　そして何よりも、倫理的な意思決定や行動に徹したメンバーには、最大限の評価が与えられなければならない。それによって得られる社会からの「信頼」は、組織にとって大切な「含み資産」として蓄積されるからである。

(4) 人事考課の目的

　一般的に言われるように、人事考課は、処遇、配置、そして育成のための基礎資料づくりであると考えていいだろう。

　ここで注意したいのは、処遇というのは給与などの報酬や福利厚

生を指すのであって、マネジメント職への任用など、より重い責任を伴う立場への登用は、処遇ではなく配置の一種である。ポストは報酬ではなく、1つの「役割」だからである。ポストがまるで報酬であるかのような印象を与える扱いは、問題が多い。

また、職能資格制度を導入している場合、個々人のランクをことさら周知するような（周知を目的とするような）運用方法にも問題が残る。これも処遇と同様に、公式な業務の遂行に支障がない限り、できるだけ個人的マターの1つにとどめる方が望ましい。確かにランクの公表は、「承認欲求」や「自己実現欲求」の刺激を通した動機づけになるかもしれない。しかしこれらの欲求は、人為的、操作的な方法で複雑につくり出された仕組みを使ってまで刺激することの功罪を考えなければならない。

以上のように、マネジメント・システムがより倫理意識の醸成に役立つものであるためには、現状のシステムには修正を試みるべき点を多く見いだすことができる。もちろん一朝一夕にはいかないが、この節で取り上げた内容は、その際の参考になるのではないだろうか。

第3節 メンバーの心理的発達を促進するマネジメント

1.「道具的仕事観」から「目的的仕事観」へ

　マズローのモデルに従えば、私たちの意識は、欲求段階を下から上へと駆け上るように成長していく（本書の解釈では、それとともに、一方では倫理意識や貢献意欲が育つ）。このとき、より下位にある欲求がある程度満たされなければ、スムーズな移行はできない。

　そして諸欲求のうち、最も原初的な「生理的欲求」や「安全欲求」は、充足したことを本人に知らせるフィードバック・システムが遺伝的、生理的に組み込まれている。満腹になれば食べるのをやめるのは、そうした理由による。

　これに対して、「承認欲求」や「自己実現欲求」などの高次元欲求の場合はどうだろう。これら脳による欲求は、満たされたかどうかの判断もまた脳によってなされるだけに、いくら満たされてもまだまだ充足を求めてやまないということが起きてくる。そうすると、さらに倫理意識のウエイトが高い発達段階（マズロー流に言えば「自己超越」段階）に向かっての移行が、あと一歩のところで妨げられる。「承認欲求」や「自己実現欲求」を刺激する材料を次から次へと人為的に用意することのデメリットはここにある。

　仕事をひたすら自己の欲求を満たすための手段（道具）と見る仕事観を「道具的仕事観」と名づけたとき、反対に、仕事として行う行為そのものがもつ目的、つまり他者貢献を自己の目的とする仕事観を「目的的仕事観」と名づけることができる。

過度な欲求刺激は、人々を「道具的仕事観」の次元に押しとどめ、一方の「目的的仕事観」の発達を妨げる結果につながる。こうした環境下で倫理教育などを行っても、メンバーたちにとってそれはきれいごととしか映らないのは当然であろう。

つまり、コンプライアンス・マネジメントの形骸化を防ぎ、これを成功に導くためには、まずマネジメントの一般的な思想そのものを振り返ることが必要なのである。

私たちの仕事観は、基本的には「道具的」であろう。しかし、「目的的」仕事観が共存できないわけではない。またそのウエイトは、私たちの倫理意識の発達とともに増していく可能性を秘めている。これまでに解説したさまざまなマネジメント上の工夫は、それを促進するためのものである。

2. 個人と組織の真の統合とは

一般的には、「目標による管理」によって組織と個人は統合すると考えられている。自主設定された目標は個人の意思の表明であり、面接によってそれが組織目標と連鎖していけば、おのずと両者の目標が統合するはずだからである。

しかし、もし個人にとっての目標達成が自己実現や評価獲得の手段であり、また組織にとっての目標達成が業績向上、つまり収益や利益拡大の手段であるとすれば、結局、両者のめざす目的はまったく別のものである。この状態は、「統合」ではなく「利害関係の一致」である。これに加えて、すでに示したように、自主設定というルールさえも形骸化しているように見受けられることが多い。

両者が真に統合するというのは、目標の達成に対して共通の意味

を見いだす、つまり共通の目的をもつということである。その共通の目的こそ、本業を通じた社会貢献である。第7章の図表7-4に示したように、個人と組織は、「社会的役割を遂行する」という共通の目的をもったパートナーである。

　愛社精神や帰属意識と呼ばれるような意識をもつべきかどうかは個人の志向の問題であって、より重要なのは、組織と個人は社会に向けて貢献活動を行うためのパートナーであるということである。

　確かに人は、自利、利他いずれの意識をも併せもつ存在である。したがって、人をマネジメントするには、「欲求の刺激」と「貢献意欲への働きかけ」の両方が必要になろう。もちろん、より本来的な方法は後者であり、前者は方便として行われるものである。欲求刺激のみに偏ったマネジメントの手法は、見直されなければならない。

3.「資源」について考える

（1）資源とは何か

　「資源」という概念がある。たとえば組織にとって、人、物、金、情報は資源である。この概念は、何を意味するのだろうか。

　資源という概念には、さまざまな物的存在やお金といった有形のものと、情報や社会的信用といった無形のものが含まれる。

　資源という語は、英語のresourceという語の訳で、その意味するところは「ある目的のために使えるもの、役立つもの」ということである。つまり、私たちがある対象に「道具」としての価値を見いだしたとき、その対象のことを私たちは「資源」として見る。

ここで気をつけなければならないことは、ある対象がもつすべての属性の中で、組織の目的にとって有効な部分に着目したときに、それは資源としての価値をもつということになるのであって、その対象そのものが常に組織にとって都合のいい道具として存在するというわけではない。

　つまり、見方によっては、地球上のすべてのものに資源としての価値が潜んでいるということであり、その価値を見いだすのは人間の側である。逆に、ある対象に対しては、その存在そのものを尊重して、これを資源としては用いないという固い意思決定をするのもまた人間の側である。

　たとえば「森林」と「森林資源」という2つの概念は、異なる意味をもつ。

　「森林」は、特定の組織や人間一般にとって役立つものであるかどうかにかかわらず、現にそこにあるものである。そして、そのすべての属性が尊重される可能性を秘めている。たとえば、それは小動物のすみかであり、長い地球の営みの中で重要な一部を占めてきた存在である。

　これに対して「森林資源」という場合、それは木材やパルプ、そして燃料の供給源を意味する。また、伐採されすぎて初めて気づかれる資源的価値もある。たとえばそれは、二酸化炭素を吸収し、あるいは地滑りや海洋汚染を人知れず防いでいたことである。

　人間もほかの動物と同様に、自然の一部を生活のための資源として利用している。これは当然のことだが、人間の場合は、これらの自然を人間のためだけに際限なく資源として用いる智恵を身につけた。したがって逆に、その利用を意識的に抑制する智恵も同時に必要であるということである。この発想を怠れば、結果的に資源の枯渇を招き、あるいは逆に自然環境を人間に災いをもたらすものに変

えてしまうことになる。少し象徴的な言い方をすれば、私たちが保護しなければならないのは、「森林資源」ではなく「森林」そのものであるという広い視野からの発想が必要である。

このことは、ある事業目的をもった組織をマネジメントする際に忘れてはならないことである。

(2) 人は資源か

human resource の訳語として、「人的資源」という言葉がよく使われる。この場合、人は、物や金、情報などとともに、組織の資源の1つに数えられることになる。確かにその場合においても、人はほかの資源を利用する主体なので、ほかの資源とは性質を異にするものであるという注意が払われている。しかし、やはりそれでも「人的資源」という概念は、組織目的にとっての道具的価値を人そのものの中に想定したものである。

しかし、もし組織メンバー一人ひとりが、組織の目的である社会貢献を自身の目的として深く共有した状態が考えられるとすれば、その場合には人が組織の道具であるという発想は生まれない。これは、「人と組織の真の統合」が得られた状態である。

人々の目的意識や主体性、あるいは自発性をそのレベルまで引き出すことができるなら、それはマネジメントの理想の姿かもしれない。もちろんそのためには、まず組織の事業目的自体をそれにふさわしいものに磨き上げなければならない。

(3) 人的資源という概念が生まれる背景

ただし、現実をつぶさに見れば、人々が組織で働くとき、組織の

事業目的、つまりその事業を通した社会貢献を、自分自身の目的とするという気持ちが意識のすべてを占めているわけではない。ただしこれはウエイトの問題であって、反対にまったくそのような気持ちはないという人も少ない。

しかし、やはり多くの人たちにとって組織での仕事は、金銭的報酬や社会的地位を得るためのもの、あるいは自己表現や自己実現のためのものであるという道具的な仕事観が意識の中で高いウエイトを占めている。

一方、組織もまたメンバーを、事業目的の共有者であると見る以上に、組織に収益をもたらす「資源」であるとする見方をとるウエイトが高い。このように「人的資源」という概念は、組織と個人が事業目的を共有することの難しさを反映したものであるということもできる。

4. 現場のマネジメント

部門や職場の各マネジャーもまた、ここで行った議論をふまえて、日々のマネジメント行動を見直さなければならない。

マネジャーは、欲求刺激、つまりメンバーの自己利益に関連づけて仕事の意味を理解させる方法を方便としてとりながらも、一方では職場の存在理由や取り組もうとする仕事の価値を語るなど、メンバーたちの意識の一角を占める倫理意識や貢献意欲に働きかけ、これを育てる努力を怠ってはならない。

職場のマネジャーは、メンバーたちの「道具的仕事観」を認め、尊重しながらも、かたわらでは「目的的仕事観」を育てる志をもってマネジメントにあたらなければならない。

現在、過度に自己実現や自己表現を追求するあまりに、与えられた仕事に集中することができなくなっている傾向が若年層の一部に見られるが、大切なことは、私たちが「仕事」として実践する行為そのものはすべて他者貢献であるという事実である。その「貢献」の質をいかに高めるか。マネジャーは、メンバーたちのこうした関心をよりいっそう育てるよう働きかけることが必要である。自己実現や自己表現は、その結果として得られるものである。

　本章では、コンプライアンス・マネジメント以前に、まず総合的な意味でのマネジメントのあり方を考えた。それは、実際に多くの組織で見られるマネジメントの実態との間に距離を感じさせるものであるかもしれない。しかし大切なことは、わずかずつでも現状を打破していく努力を始めることである。

注釈

(1) 目標の自主設定に関するドラッカーの代表的な著書には、Drucker, P. F. The Practice of Management, Harper&Brothers（1954）、野田一夫監修、現代経営研究会訳『現代の経営』〔上〕〔下〕ダイヤモンド社（1987）がある。

(2) マグレガーの代表的な著書としては、McGregor, D. The Human Side of Enterprise, McGraw-Hill（1960）、高橋達男訳『企業の人間的側面』産業能率大学出版部（1966）がある。

第9章
現場マネジャーのコンプライアンス・マネジメント

第1節 日常の倫理的意思決定と問題事象の発見

　私たちは第7章以降、倫理的な組織づくりとマネジメントの関係について考えてきたが、この最終章では、各部門や職場を預かるマネジャー（これ以降は「現場マネジャー」と呼ぶことにする）のコンプライアンス・マネジメントにおける役割について具体的に考えてみることにしよう。

　担当部門の読者にとっては、現場マネジャーに対して指導やアドバイスを行う際に役立つ情報となるだろう。

1. 現場マネジャーの3つの役割

　コンプライアンス・マネジメントにおいて、個々の現場マネジャーが担う役割は、大きく分けて3つある。

　まず1つは、自らの意思決定を正しく行うことである。

　現場マネジャーは日々の業務活動の中で、法令や内規を重視し、かつ倫理的にも優れた意思決定を行い、考えられるすべてのステークホルダーの期待に対して適切に応えていかなければならない。またこれを通して、統括するメンバーたちのモデルとなることが期待されている。

　2つ目は、部門や職場の中で、不祥事つまり法令違反や非倫理的状況が発生していないかどうかを見極め、もし発生しているならばこれを速やかに取り除き、同時に再発を防ぐ手立てを講じることで

ある。

　3つ目は、より積極的に、倫理的な職場風土をつくり上げることである。これは、将来にわたっても不祥事が発生することのない倫理的な職場をつくるという意味合いにとどまらず、より貢献意欲に満ちた職場集団をつくり上げる努力を含む。

　第1、第2の役割については本節で、第3の役割については次節で解説する。

2. 倫理的意思決定

　コンプライアンス・マネジメントにおける現場マネジャーの役割の1つは、自らが一貫して倫理的意思決定を実践し、統括するメンバーたちのモデルとなることである。

　第6章では、倫理意識向上のための学習材料の1つとして、ケースメソッドを紹介した。ケースメソッドでは、たとえば業績か倫理か、あるいは複数のステークホルダーの利益をどのように調整するかなど、難しい判断が要求されるジレンマ状況が事例として与えられる。これは、現場マネジャーが日々置かれている状況とまったく同様である。

　ケース学習であれ実践場面であれ、現場マネジャーは、自分がある意思決定を行うことによって業績にどのような影響が及ぶのか、あるいはどのステークホルダーにどのような影響が及ぶのか、これらを問いつつ、限られた情報量と時間的制約の中でいくつかの仮説を立て、最良であると考えられる代替案を選ばなければならない。ただし実践場面では、一方で新たな情報の収集を行って仮説の精度を高めていく作業が行われるが、基本的には、あいまいさが多く残

る中でのタフな意思決定が求められることに違いはない。そして、この一連の思考プロセスの中に、どれだけの倫理性が含まれているかが問われる。

現場マネジャーを対象とした集合研修の中でケースメソッドを実施したとき、「情報が足りない」ということを理由に、受講者が議論することを半ば放棄する場合がある。あるいはケースを読んだ直後に早々と、「この不足した情報の中で議論せよと言うのですか？」という質問が出ることがある。そういう場合、講師は、「実務では必要な情報がすべてそろっていますか？」と問い返したり、「それでも周囲の人はどのように議論を始めるか、しばらく見ていてもらいましょう」と促したりする。

私たちは日常、意思決定に必要な情報をすべて手に入れているわけではない。私たちが置かれた実務的状況は、学校における試験問題とは違う。問題を解くための情報が不足していても、出題ミスを指摘して申し出ていくところがない。それでも、何らかの方法で意思決定をしなければならない。そのとき、さまざまなステークホルダーの存在にどこまで注意が及ぶか、そして自身の意思決定がステークホルダーに及ぼす影響をどこまで予測できるかが問われる。

つまり現場マネジャーには、倫理性とタフさを十分に備えた思考態度が求められるのである。

また、現場マネジャーは、難しい局面における自らの意思決定について、その思考プロセスと結果をメンバーたちに公開し、倫理的意思決定者のモデルとなることも期待される。場合によっては、その意思決定過程にメンバーたちを巻き込む工夫も必要となるだろう。

3. 問題事象の発見と除去

(1)「問題事象」と「背景要因」

　現場マネジャーの役割の2つ目は、現在発生している不祥事があれば、これを取り除くことである。

　もし現実に、自分が預かる部門や職場の中に、法律に違反する状況や非倫理的状況があったとすれば、それを放置したり、解決を先送りしたりすることは許されない。不祥事の除去は、マネジャーの重要な役割の1つであり、しかも緊急性は高い。このとき、すでに不祥事として顕在化しているものだけではなく、いまだ表面化していない問題にも敏感に気づき、対処していかなければならない。

　ここでは、潜在的なもの、顕在的なものを含めて、法令に違反していたり、非倫理的であったりする事柄の1つひとつを「問題事象」と呼ぶことにする。

　一方、組織の中で問題事象が発生するには、それなりの要因がある。これを「背景要因」と呼ぶことにする。この「背景要因」は、現場マネジャーの3つ目の役割である倫理的な職場風土づくりにあたって着眼すべきポイントでもある。つまり、この「背景要因」に着目した職場風土づくりは、問題事象の発生を将来にわたっても防止することになる。詳しくは、次節で展開する。

(2) 典型的に見られる問題事象の数々

　業種や職種によって「問題事象」の内容はさまざまだが、ここではその典型的なものを列挙してみることにしよう。図表9-1がそれである。この表では、民間企業における不祥事に焦点を合わせて、

■ 図表9-1　問題事象の例

影響が及ぶ場所	不利益を受けるステークホルダー	問題事象の例
組織外	顧客、消費者	品質基準の未充足、産地・成分・内容量・消費期限などの虚偽表示、身体や健康に危害を及ぼす可能性のある商品・サービスの供給、錯誤を招く商品説明や取引条件の説明あるいは説明不足、誇大広告、取引上の優位性を背景とした不当な取引条件の強要、便乗値上げ、価格カルテル、供給責任の放棄（不当な売り惜しみなど）、不十分なクレーム対応、不十分なアフターケア、使用や保存・廃棄に関する注意点の説明不足など
	資材購入先、協力業者など	取引上の優位性を背景とした不当な取引条件の強要など
	株主、株式市場	明らかな経営努力の欠如による業績悪化、社会的信頼の失墜など株価引き下げの要因となる行為、業績にかかわる情報の隠ぺい、インサイダー取引、株価操作など
	社会	青少年の精神的発達に悪影響を及ぼす商品・サービスの供給、不適切な方法による接待、反社会的勢力とのかかわり合い、個人情報の流出、談合、地域社会の生活に悪影響を及ぼす操業の仕方など
	競合他社（ただし、最終的には社会）	過度な景品類、不当廉売、知的財産権の侵害、贈賄による行政組織との取引、業界団体の取り決め違反など
	行政（同上）	脱税、良識を外れた方法による節税、行政指導に対する不十分な対応など
	自然環境	製造や流通の過程における大気・水質・土壌の汚染、二酸化炭素の過剰な排出、過剰あるいは非効率的な資源消費。製品の使用段階における同様の問題。産業廃棄物の不適切な処理、使用後のことを考慮に入れない商品の開発など
組織内	従業員	肉体的・精神的に過度な負担を伴う労働条件の強要、労働環境の未整備、サービス残業、時間外手当カットを目的とする管理者の任用、労働災害隠し、パワー・ハラスメント、昇格条件などにおける男女間の不平等、セクシャル・ハラスメント、受動喫煙、人権侵害、個人間・職場間における業務量の不均衡、相互の責任転嫁、非正規社員に対する不当な処遇など

●第9章●現場マネジャーのコンプライアンス・マネジメント

不利益が及ぶステークホルダー別に「問題事象」の例をあげてみた（横領など組織を直接の被害者とするものと、メンバーの私生活上の不祥事についてはこの中に示していないが、後者については次節で取り上げる）。

　実際に部門や職場をマネジメントする立場にある読者は、図表9-1を参考にしながら、自身の預かる部門や職場の状況を振り返ってみてはどうだろうか。

　一方、行政組織で見られる不祥事の場合は、最終的に悪影響を被るステークホルダーはすべて住民（納税者）だと考えてよい。内容的には、収賄、怠業、カラ出張、裏金、あるいは私生活上の法令違反など個人的な欲求に関連するものや、それが集団化したものである場合が多いということは第7章で見たとおりである。

　また、政策レベルで見たとき、経済性原理などの人間の事情のみに着目した公共事業についても、自然環境の保護という観点から、従来以上の慎重な判断が求められる。

(3) 問題事象をチェックするにあたっての留意点

　ここで、図表9-1に対峙（たいじ）するときの留意点をいくつかあげておく。

　まず1つは、この表は多様なステークホルダーの存在を思い起こすことができるように、ステークホルダー別に問題事象を分類しているが、1つの問題事象が複数のステークホルダーに同時に悪影響を及ぼす場合も多くあるということである。「現実」は無限の因果関係によって成り立っているから、むしろそれは当然であろう。そこで、この表では便宜的に、それぞれの問題事象を、最も直接的に不利益を被るステークホルダーの場所に位置づけた。

　それから2つ目は、ある問題事象について見たとき、その発生場

所や原因もまた多岐に及ぶということである。

　たとえば一番初めにあげた「品質基準の未充足」の場合、その発生場所や原因として考えられるものをいくつかあげれば、まず製造現場における故意や過失が考えられる。たとえば、マニュアルによって規定された手順の省略などの怠慢行為である。また商品によっては、企画や設計の段階における故意や過失、あるいは営業担当部署との間の情報伝達過程における故意や過失、そして場合によっては営業担当部署と顧客との間の情報伝達上の故意や過失も考えられる。したがって、たとえば品質にかかわる問題事象は製造部門のマネジャーだけが気に留めればよいという考え方でこの表に臨むわけにはいかない。

　3つ目には、それぞれの問題事象に対して、第7章の図表7-5に示した不祥事の発生パターンを考え合わせることが必要であるということである。

　こうした注意の下にこの表に臨んだ結果、実際に部門や職場で発生している問題事象を発見した場合は、その発生場所や原因（故意か過失か。過失ならばさらにその原因）、そして主導する階層（トップ、ミドル、現場）についても分析しなければならない。

　問題事象を指摘するにあたっては、上位マネジャーを巻き込んだり、あるいは全社的に取り組むべき課題としてアピールしたりする果敢さが必要であるが、何よりも担当部門との連携が重要である。

　一方、担当部門には、現場マネジャーのこうした動きを支援するために、ヒアリングやアドバイスなど、きめ細かい支援活動を行っていくことが求められる。

　なお、この表に示された不祥事の数々はあくまでも例であって、ほかの種類の不祥事が発生する可能性についても注意を向けなければならない。

第2節 倫理的な職場風土づくり

1．倫理的な職場風土をつくるためのアプローチ

　コンプライアンス・マネジメントにおける現場マネジャーの3つの役割のうち、これまでに、まず自らが日々の業務の中で倫理的な基準に従った意思決定を行い統括するメンバーたちのモデルになること、そして現在発生している問題事象を排除すること、この2つについて検討した。

　最後に取り上げるのは、倫理的な職場風土づくりである。そこには、将来にわたっても不祥事が発生することのない職場をつくり上げるということだけではなく、より貢献意欲に満ちた職場集団をつくり上げる努力も含まれる。

　本節ではこれを、①仕組みづくりからのアプローチ、②マネジメント行動からのアプローチ、③教育面からのアプローチに分けて考えることにしよう。

　もちろん現実には、倫理的な職場風土づくりのための諸活動をこのようなカテゴリーにきれいに分類できるわけではない。たとえばメンバーに向けての教育はマネジメント行動の一部であるし、実施にあたっては、それを推進するための仕組みに則って行われるだろう。このように実際には、3つのアプローチは相互に関連し合っている。

　したがって、あくまでも順序立てて説明を施すための便宜として、あえて3つのカテゴリーを設け、それぞれについて順に見ていくことにしよう。

2. 仕組みづくりからのアプローチ

(1)「仕組み」とは

　ここで「仕組み」というのは、職場運営のための「決め事」のことである。「公式な職場運営システム」と言い換えてもいい。
　その内容には、たとえば「職務」の定義とその分担に関するものがある。つまり、各メンバーそれぞれに割り当てられる職務の成り立ち（構成要素）と、その割り当て方に関するものである。これを決める作業は、「職務設計」と呼ばれる。
　そして職場の「構造」。これは組織図に示されるような、各職位（職務担当）間の役割関係や権限関係のことで、同時にそれは公式なコミュニケーション・ルート、いわゆる指示命令系統でもある。
　また、各職位の権限の大きさ、つまり自分自身の判断で物事を決めていい事柄の範囲に関する決め事もある。

(2) 倫理的な職場づくりのための仕組み

　それでは、倫理的な職場風土をつくるために、職場内部でつくり上げることができる仕組みにはどのようなものがあるだろうか。いくつかの例を示そう。

①精査システム
　ある作業をだれかが行ったとき、別のだれかが同じ作業を繰り返して一致を確認しなければその作業を終えたことにはならない、あるいはだれかが行った作業を別のだれかが精査しなければ、その作業を終えたことにはならない、とするルール。

②定期もしくは不定期のジョブ・ローテーション

職場内で、各メンバーの担当職務を定期的に入れ替える、もしくはこれを不定期に行う。

③互換体制

あるメンバーが担当する職務をほかのメンバーも担当できるように育て、相互に補完し合える体制をつくる。

④相互監査システム

職場内で定期的に仕事の監査を行う。監査はマネジャーかリーダークラスの人が直接行うか、あるいはメンバーたちの倫理意識がすでに高い職場では、メンバーたちが輪番で行うこともあり得る。

(3) ねらいと効果

さて、これらを見たとき、「いずれも職場メンバー相互のチェック機能を強化することをねらうもので、ぎくしゃくした職場環境を生み出してしまわないか」という疑問がわいてくるだろう。

確かに、目先のねらいだけに着目すればそのように感じられるかもしれないが、もう少し長いスパンでこれらのねらいと効果を考えたとき、次のようなものがあげられる。

それはメンバー同士が、お互いにどのような職務に取り組み、何に苦労し、どのような工夫をしているかということについて理解し合えるということである。また、相互に指導し合う関係が生まれ、たとえば引き継ぎのための会話なども盛んに行われるようになる。この過程で相互の協力関係が築き上げられるし、活発な相互アドバイスや改善提案が生まれる可能性が高まる。

このように、これらの仕組みによって得られるメンバー間の相互理解と相互援助の機運やチーム力の高まりは、職場全体の仕事の効率を高めることになるし、一方では、メンバー間の仕事量の偏りを解消する効果にもつながる。

　また、メンバーたちが自身の多能化を実感することができたり、職場づくりへの参加を実感することができるなど、心理面における効果も期待できる。また、仕事の上で難しい局面に立ったメンバーが心理的に孤立するのを防ぐこともできる。

　そして何よりも、顧客に対するサービスの質の向上が図られるというメリットは見逃せない。それはたとえば、担当者がいないとき、ほかの者では顧客からの問い合わせに対して返事ができないといった事態が解消できるという、ごく単純な例からも明らかである。

　もちろん、指導や伝達のための時間コストは新たに発生するが、それを回収して余りある効果が期待できるだろう。

3. マネジメント行動からのアプローチ

（1）職場風土に大きく影響するマネジメント行動

　さて、不祥事を防ぐための仕事の仕組みがよく整ったとしよう。しかし、仕組みも1つの「決め事」であって、それが整ったからといって必ず守られる保証はどこにもない。「決められたとおり、やったことにしておこう」という暗黙的なルールが職場に横たわっていたとすれば、仕組みはその意図を実現することはできない。つまり仕組みは、職場風土をつくる1つの要因ではあるが、それだけでは十分な成果は得られない。

そこで重要なのが、マネジャーの「マネジメント行動」である。

職場風土は、さまざまな要因によって形づくられる。その中でも仕組みと並んで影響力が大きいのは、マネジャー自身の言動や、その背景にある価値観あるいはパーソナリティである。

たとえば、マネジャー自身の仕事観や興味関心の傾向、「高業績の達成」と「良好な人間関係づくり」という2つの項目に対する関心の向け方の度合い、あるいはメンバーをほめたり叱ったりするときの着眼点やその仕方などである。

(2) マイナス情報を申告しやすい環境をつくる

ここでは、メンバーの倫理意識や貢献意欲を高めるためのマネジメント行動をいくつか例示することにしよう。

①定期・不定期の個別面接

メンバー一人ひとりに対して個別に面接の場を設け、仕事上の悩みを聞いたり、アドバイスを与えたりする。

②マイナス情報の自主申告の奨励

仕事に追い詰められていたり、不祥事につながりかねない事態に直面したりしているメンバーが、安心してマネジャーに相談することができる機会を提供する。上記の個別面接は、定期・不定期いずれの場合もマネジャー主導の下に予定どおり進められるものという印象をぬぐえないが、これを補完するのがマイナス情報を自主申告する機会の提供である。この方法においては、まずマネジャーが職場のみんなに声をかけて、今悩みがあるならどんなことでも相談に乗る意図を伝える。常時行うことが理想だが、少なくとも週1回は

行う。この時間は、マネジャーは評価者の顔を捨て、アドバイザーに徹する。また、相談内容がたとえどのようなものであっても、マイナス評価ではなく、それを明らかにしたことに対するプラスの評価を優先する。

③ソリューション・ミーティングの開催
　職場メンバーを集め、個々人が抱える業務上の悩みや直面している難問を公表し合って、全員で解決策を検討する。また、当社におけるこの仕事のやり方は法に抵触しないのか、顧客からこのようなクレームがきたが全社的に取り組む問題ではないのかなど、コンプライアンス上の疑問や問題提起、意見具申、あるいは仕事の質の向上につながる改善提案なども大いに受け入れ、議論する。この議論は、ケース学習のための会合の中で行ってもよい。

　このように、メンバーたちにとって不利になるようなマイナス情報や、職場や組織にとってのマイナス情報を、メンバー自身がタイミングを逸することなく表に出そうとするような環境をつくる努力が求められる。

(3) メンバーの倫理意識を積極的に呼び起こす

　上記のマネジメント行動に加えて現場マネジャーには、メンバーたちの倫理意識や貢献意欲を積極的に呼び起こす言動が常に求められる。
　たとえば、自分自身が行った意思決定の理由を明かして、そこにどのようなステークホルダーのどんな利害を想定したかを、さまざまなコミュニケーション機会を設けては示す。あるいは「目先の利

益か倫理か」にかかわるメンバーからの相談事に対しては、即座に倫理重視の結論を選び、明確にそれを伝える。こうした行動が重要である。そして、会議や朝礼などのオフィシャルな場や、日常的でフランクな会話の場面、場合によっては独り言であっても、こうした姿勢を一貫して示すことが必要である。

また、メンバーの犯した失敗に対して注意したり叱責したりする際には、徹底して倫理を重視する指導方針を示さなければならない。たとえば、ある失敗の原因が倫理意識や誠実さに欠ける姿勢にあったとき、あるいはミスを隠ぺいするような行為があったときは厳しい態度で接する一方、そうではない失敗に対しては寛大に振る舞う一貫した態度が必要である。つまり、メンバーのミスそのものよりも、その背景にある不誠実さや倫理意識の欠如を叱責の対象とする一貫した姿勢が求められるのである。

4. 仕組みづくりとマネジメント行動の兼ね合い

第7章では、私たちの意識の構造とその発達過程について考えた。そこで見たように、私たちは生理的なものから精神的なものに至るまで、さまざまな欲求をもっている。また一方では、「共感性」と「役割意識」の発達とともに、私たちの意識は全体として「倫理意識」や「貢献意欲」を備えたものに育っていく（第7章の図表7-2をもう一度参照願いたい）。

それでは今、仕組み面やマネジメント行動からのアプローチとして示した倫理コンプライアンス諸施策は、私たちの意識にどのようなインパクトを与えるものなのだろうか。

(1) 不祥事の抑止につながる「自己保身のニーズ」

　仕組み面の施策として示した精査システムやジョブ・ローテーション、互換体制、相互監査システムは、いずれも私たちの「自己保身のニーズ」に働きかけるものである。

　ここで「自己保身のニーズ」と呼ぶのは、自らの社会的立場が悪くなるのを避けたいと思う意識のことで、マズローの発達モデルで言うなら、「所属欲求」「承認欲求」に該当する。それは、安定した人間関係や信頼関係の中に自分を置きたいとする意識である。また、自己嫌悪に陥ることを避けたいとする気持ちを含めるならば、自身のアイデンティティの確立を求める「自己実現欲求」もまた、これに含まれることになる。

　自己保身のニーズは、法令違反を含む非倫理的行為を抑止する力となる。もちろん、私たちのこうした意識の部分に働きかける施策は、倫理意識や貢献意欲を育てるというコンプライアンス・マネジメントの最終目的から見れば本筋ではないだろう。しかし、まずは新たな不祥事の発生を防ぐという目的にとってはたいへん有効な方法であり、方便としての活用は否定されるべきではない。

　私たちは自分自身の社会的地位やアイデンティティが不安定な状況にあっては、とても倫理意識をもち、また他者に貢献しようとする意欲はわかない。だからこそ、自らの社会的地位やアイデンティティの不安定状態を排除しようとする努力を呼び覚ます「仕組み」をメンバーたちに提供することは、新たな不祥事の発生を防止するだけではなく、メンバーたちの倫理意識や貢献意欲の発達を促進する効果にもつながるのである。

（2）不祥事の隠ぺいにもつながる「自己保身のニーズ」

　ただし、自己保身のニーズは、実は諸刃の剣である。

　自己保身のニーズの主な背景となる「所属欲求」と「承認欲求」は、不祥事が起きる前にはそれを抑止する力を発揮するが、いったん不祥事が発生した後は、むしろそれを隠ぺいする行動を助長する力に変身する。

　したがって職場のマネジャーは、メンバーたちの自己保身のニーズが不健全に働くことがないように、メンバー本人にとってマイナスとなる情報を積極的に引き出す努力が必要になる。そのための諸施策が、「マネジメント行動からのアプローチ」として例示したいくつかの施策である。

　つまり、定期・不定期の個別面接やマイナス情報の自主申告の奨励、ソリューション・ミーティングの開催、そしてメンバーのミスそのものではなく不誠実さや非倫理的傾向、あるいは隠ぺい行為を叱責の対象とする一貫した姿勢は、いずれもメンバーたちの自己保身のニーズが負の方向に働かないようにすることを意図したものである。

　またソリューション・ミーティングは、メンバー自身の倫理的な問題意識から生まれた提言や問題提起が行える場である。こうした機会が保証されることによって、メンバーたちが潜在的にもっている「倫理意識」や「貢献意欲」を呼び起こすことができる。つまり「自己保身のニーズ」を前提にした環境づくりと、より積極的に「倫理意識」を呼び覚ます環境づくりの両者を通じて、メンバーたちの意識の向上はさらに促進されることになる。

　また、マネジャー自身の倫理的態度も、メンバーたちの「倫理意識」を刺激する大切な要因となることはすでに触れたとおりである。

こうした総合的な努力があってこそ、メンバーたちの精神的な発達がスムーズに進行する。そして、本章で紹介している実践的なコンプライアンス・マネジメントの工夫は、第7章で学んだ倫理意識の源泉とその発達過程に関する理論によって、その妥当性が裏づけられる。

(3) オープンな職場をつくる

　「自己保身のニーズ」が不適切に働く職場ではマイナス情報が報告されにくい上、メンバー相互間にも閉鎖的傾向が芽生え、互いに協力し合わない環境が生まれる。そして、それがまた、不祥事の発生を助長することになる。

　マネジャーは、そうした最悪の事態を避けなければならない。そのためには、不誠実さや非倫理的傾向を含まないメンバーたちの行為やその結果に対しては、ある程度の寛大さが必要である。

　たとえば、メンバーが自身のミスに気づいたならば、「考える前にまず騒げ！」という指導を徹底することが必要であろう。ミスによるマイナスは、それを即座に明らかにしたことによるプラスで相殺される、そうした価値基準が職場に浸透するまで、マネジャーはオープンな職場をつくる方針を執拗（しつよう）に叫び続けなければならない。

　一方、職場のメンバーたちには、それぞれ多かれ少なかれ自己流の仕事の仕方があって、その積み重ねは常に何らかのイレギュラーな結果としてストックされている。その中には、規程の範囲すれすれ、あるいは逸脱している疑いがあるものもあるだろう。「人に言えない仕事の在庫」、それらをそう呼ぶことができるかもしれない。基本的には誠実さをもったメンバーたちも、多忙な日々の活動の中で、そうしたものをため込みがちである。それらはたとえば、転勤

や監査の際に真っ先に是正すべきものとして各人が意識しているものだろう。

そうした「在庫」があるならば、その「在庫期間」を少しでも短縮する、つまり是正するのに半日かかるだけの量があるならば、少しでも早い時期にこれを1時間分に、そして最後にはゼロにまでもっていく。場合によってはそうした方針で臨むのも、現実的なマネジメントの1つの方法かもしれない。

いずれにしても、倫理意識を育て不祥事を防ぐための「仕組み」が整っても、一方でそれを補完する「マネジメント行動」がなければその「仕組み」は形骸化する。あるいは「仕組み」が逆に、思いもよらぬ事態を招く要因になることもある。一方で「マネジメント行動」は、「仕組み」のベースがあってこそうまく機能する。したがって「仕組み」と「マネジメント行動」は、まさに車の両輪の関係にある。そして現場のコンプライアンス・マネジメントには、この両者への配慮が常に求められる。

担当部門は現場のこうした事情を知った上で、現場のコンプライアンス・マネジメントを支援していかなければならない。

5．教育面からのアプローチ

倫理的な職場風土づくりのための3つ目のアプローチ、それは教育面からのアプローチである。

「マネジメント行動」のところで、現場マネジャーがメンバーに対してとるべき態度についてすでに述べた。これらは実は教育面からのアプローチとして取り上げることもできるが、ここではそれを繰り返すことはせずに、以下の2つの項目を主題とすることにしよう。

（1）職場勉強会におけるケース学習の運営

　コンプライアンス教育の場としての「職場勉強会」は、担当部門が企画し、教材を整えて各職場に降ろすのが一般的である。

　これに対して現場マネジャーは、推進リーダーとして実際にこれを運営する立場に立つことが多い。

　第6章で取り上げたように、職場勉強会における教材の主流は、ケースつまり事例である。そしてケース学習が効果を上げるかどうかは、ケースの内容と運営技術によって決まる。

　メンバーたちがケース学習という模擬体験を通してコンプライアンス・マインドを身につけていくのを、運営者は支援しなければならない。そしてこれについてもすでに第6章で取り上げたが、ここで若干の補足をしておこう。

　それは、メンバーたちが当事者意識をもってケース学習に臨むことができるように働きかける技術についてである。

　ケースを読んだメンバーたちは、「この場合はこうしなければならない」あるいは「こうしてはいけない」という理想解に容易にたどりつくことが多い。そしてこの場合、ケース学習を取り入れた会合そのものに対して、「形式的で意味がない」「効果が感じられない」などの否定的印象をもつことになる。ところがこのとき、進行役を担うマネジャーが、次のような問いを発すればどうだろう。

　「それではあなたが当事者なら、ほんとうにその理想解どおりの行動がとれますか？」と。

　ケース学習の進行においては、参加メンバーたちを、第三者ではなく、あくまでもそのケースの主人公つまり当事者の立場で臨むよう誘導しなければならない。ケースの主人公は、本来ならばケースに描かれた事態に対して理想的な対応などしていれば、とても今日

1日の仕事を予定どおりこなしていくことができない状態にあるはずである。そのような中で、果たして理想解として打ち出した行動をとることができるのか。「知らず知らずに」「ついうっかり」そして「この程度ならいいのでは」という誤りに陥らないためには何が必要なのか。こうした方向に文脈を展開させ、メンバーたちに気づきを与えるのが、進行役に求められる役割である。

最近では、コンプライアンスをテーマとした現場マネジャー向け集合研修のテーマとして、ケース学習運営技術の向上を目的としたものが増えてきている。

(2) プライベート・タイムの行動にはどのようにかかわるべきか

最後に、現場マネジャーは、メンバーたちのプライベート・タイムの行動にはどのようにかかわるべきかを考えてみよう。

これは、権限を背景にした人権の侵害であるパワー・ハラスメントとの間に微妙な関係がある問題である。

これについては、たとえば「職務の遂行に支障を来す私生活の送り方は、職場での指導の対象である」という考え方を1つの指針としてみてはどうだろうか。この場合、これに該当するメンバーの行動があるにもかかわらず指導がなされないならば、むしろ現場マネジャーの責任が問われる。

ただし実質的には、日常生活における私たちの行動の大半は、仕事の質に影響を与えるだろう。組織人は、ある組織のメンバーである前に、まず職業人である。そして、すでに第7章で見たように、職業とは「他者貢献」である。したがって体調管理など、貢献の質を高めるための努力は、たとえ私生活の時間であっても常に継続していなければならない。これが発達した意識に基づく仕事観、つま

り「目的的仕事観」から導き出される当然の結論である。この考え方に照らしたとき、現場マネジャーはメンバーの私生活に関しても、基本的には指導の責任があると考えるのが妥当であろう。

　この最後のメッセージに象徴されるように、コンプライアンス・マネジメントは、単に法令からの逸脱を防ぐためのマネジメントではない。また、組織の利益を向上させることを直接の目的とするものでもない。それは、組織メンバー一人ひとりが自然にもつ「倫理意識」や「貢献意欲」をさらに育て、これを背景とした組織活動を実現するための総合的な活動である。

索　引

あ行

アイデンティティ　184
悪意　193
安全欲求　182
依存心　111
遺伝子　188
意図的な学習　125、127、129
意味　180
イメージ　104
インサイダー取引　202
映像ツール　142
近江商人　201
思い込み　110

か行

科学的知見　191
科学哲学　204
学習　63、124、129、191
葛藤　43、162
加点主義　220
刈取り目標　215
感知力　105
企業倫理担当役員　57
企業の社会的責任　37
企業不祥事　11
企業倫理　2、7、36
企業倫理委員会　57
企業倫理調査　66
企業倫理の周知　71
企業倫理の推進手法　41、44
規則　22
規範　21、112、114
義務意識　196
教育　237、247
教育・研修　63、81
共感性　105、106、180
行政組織　202

儀礼　96
偶発的な学習　125、129
経営理念　29、60
経験則　109
経済性の原理　181
経済法　195
系統発生　189
誓約書　76
ケース　43、132、133、134、138、148、156
ケース学習　156
ケース進行ポイント　140
ケース進行例　140
ケーススタディ　142、157
ケースブック　142、148
ケースメソッド　43、142、157
結果目標　215
言語　216
言語哲学　204
原則　23
権利意識　195
公益通報者保護法　195
公器　198
公企業　198
公共的組織観　198
公共の福祉　198
行動基準　60
行動規範　42、96、132、133、149
行動指針　60
コーポレート・ガバナンス　35
互換体制　239
顧客　198
顧客満足　198
個人情報保護法　195
個人の不正　13
個体発生　189
個別面接　241
コミュニケーション　129、130

251

コンプライアンス　2、7、36
コンプライアンス意識　124
コンプライアンスの推進手法　40、44
コンプライアンス・マインド　192
コンプライアンス・マネジメント　190

────── さ 行 ──────

三方よし　201
CSR　37
私企業　197
仕組み　238
仕組みづくり　237、238
資源　224
自己実現至上主義　196
自己実現欲求　182
自己制御　9
自己超越　184
仕事　198
仕事の意味　132、134、135
自己表現　184、196
自己保身のニーズ　244
自己利益の追求　9
資産形成的目標　216
自浄作用　105
自然科学　188
自然環境　191
資本主義　191
社会科学　203
社会システム　192
社会の一員　29
社会の規範　3
集団の価値観　95
主体性　19、188
主体的な判断　27
少子化　196
常識　109、110
承認　91、98、100、111
承認欲求　182
賞罰　91、100
消費者　195
職場集団　127、128、129
職場風土　136、237
職場勉強会　130、138、139

職場勉強会進行マニュアル　139
所属と愛の欲求　182
ジョブ・ローテーション　239
自利　219
自律　19
自律心　111
ジレンマ　162
人事考課　218
人的資源　226
心理的発達　183
推進リーダー　48、127、138、146
推進リーダー養成研修　139
ステークホルダー　4、37、149
生活態度　191
成功の定義　113、114
製造物責任法　195
生理的欲求　182
世間　201
善　190
全体最適の範囲　115
相互監査システム　239
想像力　103、104
相談窓口　65
組織学習　126、128
組織人らしさ　99
組織と個人の統合　214
組織の価値観　38、96、98、99
組織の不正　13
組織風土　43、136、137
ソリューション・ミーティング　242

────── た 行 ──────

大脳新皮質　189
対話　42
他者　179
種まき目標　215
他律　22
男女雇用機会均等法　195
担当部門　45
地球温暖化　191
通過儀礼　96
ディスカッションリード　171
哲学　204

問いを立てる　106、115
動機づけ　184
道具的仕事観　222
当事者意識　194、248
ドーキンス　188
独占禁止法　195
ドラッカー　113、214

──────── な 行 ────────

内部統制　35
内部留保　200
ニート　196
人間観　214
脳　188

──────── は 行 ────────

背景要因　233
発達理論　181
話し合い　130、131
パラダイム　204
パワー・ハラスメント　249
判断のものさし　92、97
判断のよりどころ　90、91、97、114
広い意味でのコンプライアンス　3
含み資産　220
不祥事　192
不正　13
不正競争防止法　195
不測の事態　104、105
プライバシー　195
プライベート・タイム　249
プロセス目標　215
文脈　179
法令の遵守　3

──────── ま 行 ────────

マイナス情報　241
マグレガー　214
マズロー　181
マックス・ウェーバー　191
マネジメント　178
マネジメント行動　237、240
マネジメント・システム　192

民間企業　202
目的的仕事観　222
目標設定面接　216
目標による管理　213
ものの見方・考え方　110、111
問題事象　146、147、148、151、233

──────── や 行 ────────

役割　186
役割意識　180
予期　93、94、98
欲求　179
欲求段階説　181
よりどころ　23、38

──────── ら 行 ────────

利害関係の一致　223
利己主義　188
利己性　10
リスク　16
利他　219
利他性　10
利他的行動　188
倫理　23
倫理意識　124、129、178
倫理感　179
倫理観　180
倫理監査　65
倫理綱領　42、60、71
倫理綱領の策定　71
倫理の意思決定　231
倫理的な価値　10
倫理的な事業活動　2
倫理的な判断　90、99、100、101、102、103、104、106、114、117、152
倫理の原則　23、39、114

執筆者紹介

(章構成順)

● **本橋潤子**（もとはし　じゅんこ）
〔第1章、第2章、第3章、第6章担当〕
学校法人産業能率大学総合研究所　セルフラーニングシステム開発部
教材開発センター　プロジェクト・マネジャー
慶應義塾大学大学院商学研究科前期博士課程修了。修士（商学）。
価値観の共有に基づく企業倫理の推進を中心に、理論的な探求を行いつつ、
民間企業・各種団体における推進施策の設計や実践活動の支援に従事。

● **杉浦　斉**（すぎうら　ひとし）
〔第4章、第5章担当〕
学校法人産業能率大学総合研究所　セルフラーニングシステム開発部
教材品質管理センター　センター長
早稲田大学商学部卒業。
化粧品メーカー勤務を経て、学校法人産業能率大学に入職。
各種研修プログラムの設計・開発、特定クライアント向けの学習システム
設計・開発に従事。
「企業倫理・コンプライアンス」をテーマとした推進施策の設計、研修プロ
グラムの開発、価値観の共有・浸透に向けた各種ツール・しくみの開発を
手がける。

● **佐伯雅哉**（さえき　まさや）
〔第7章、第8章、第9章担当〕
学校法人産業能率大学総合研究所　経営管理研究所　主席研究員
総合研究所教授
大阪大学法学部卒業。
金融機関勤務を経て、学校法人産業能率大学に入職。
主な研究領域はミドル・マネジメント。新たな理論体系の構築と、実務家
向けの講義やワークショップを中心に活動。

～お問い合わせ先～

（学）産業能率大学総合研究所　http://www.hj.sanno.ac.jp

＊本書の内容全般についてのご質問等は、下記のメールアドレス宛にお問い合わせ下さい。

E-mail : webm@hj.sanno.ac.jp

＊具体的なコンサルティングの内容等についてより詳細な内容をご希望される場合は、下記宛にご連絡いただければ幸いです。

・普及事業本部　マーケティングセンター
TEL 03-5758-5117

【（学）産業能率大学総合研究所　普及事業本部】
第1普及事業部（東京）	03-5758-5111
第2普及事業部（東京）	03-5758-5114
第3普及事業部（東京）	03-5758-5103
東日本事業部（東京）	03-3282-1112
東北事業センター（仙台）	022-265-5651
中部事業部（名古屋）	052-561-4550
西日本事業部（大阪）	06-6347-0321
中国事業センター（広島）	082-261-2411
九州事業センター（福岡）	092-716-1151

SANNO メールマガジンのご案内

SANNO メールマガジンでは定期的に無料フォーラムのご案内や人材育成に関する情報を配信させていただいております。

お申込はこちらから　　http://www.hj.sanno.ac.jp/mm

「SANNOマネジメントコンセプトシリーズ」について
"SANNOマネジメントコンセプトシリーズ"とは、マネジメントの総合教育・研究機関である（学）産業能率大学が、これまで研究活動とその実践で培ってきた（マネジメントの）諸テーマに関する理論（考え方）とその方法論について、実務に生かせる実践的ビジネス書としてまとめ、シリーズ化して刊行されたものです。

実践『企業倫理・コンプライアンス』
― CSRに基づく組織づくりの考え方と手法 ―

〈検印廃止〉

編著者	（学）産業能率大学総合研究所	©2008,Printed in Japan.
	企業倫理研究プロジェクト	
発行者	田中秀章	
発行所	産業能率大学出版部	
	東京都世田谷区等々力6-39-15　〒158-8630	
	（電話）03（6432）2536	
	（FAX）03（6432）2537	
	（振替口座）00100-2-112912	

2008年10月25日　　初版1刷発行
2014年11月30日　　　　6刷発行

印刷所／渡辺印刷　製本所／協栄製本
（落丁・乱丁本はお取り替えいたします）　　　　ISBN 978-4-382-05591-9